*Für alle,
die einem Hund ihr Herz öffnen möchten
und sich wünschen,
das Richtige zu tun.*

# *Augen auf beim Welpen- und Hundekauf*

*Wissenswerte Tipps
aus der
**Bolonka Zwetna Hundezucht
aus dem Alten Jagdhaus***

by
Antonia Katharina Tessnow

*Bibliografische Information der Deutschen Nationalbibliothek:*
*Die Deutsche Nationalbibliothek verzeichnet diese Publikation in der Deutschen Nationalbibliografie; detaillierte bibliografische Daten sind im Internet über http://dnb.dnb.de abrufbar.*

*TWENTYSIX – Der Self-Publishing-Verlag*
*Eine Kooperation zwischen der Verlagsgruppe Random House und BoD – Books on Demand*

*© 2019 Antonia Katharina Tessnow*

*Herstellung und Verlag:*
*BoD – Books on Demand, Norderstedt*

*ISBN: 9783740732691*

*Autorin:* **Antonia Katharina Tessnow**

# *Inhalt*

## Teil I - Theoretischer Teil

Informationen rund um den Hundekauf
Züchter oder Tierheim
- Was sagt die Expertin?

Züchter - wie finde ich einen 'Guten'?
- wichtige Fragen an den Züchter

Warum Papiere wichtig sind
Krankheiten und Tests
- Genetik auf einen Blick

Was beinhaltet der Preis eines Hundes und woraus setzt sich der Preis zusammen?

## Teil II - Praktischer Teil

Die Erstausstattung
Ernährung
- Ernährungs-Empfehlung Nassfutter
- Ernährungs-Empfehlung Trockenfutter
- Ernährungs-Empfehlung Kauartikel

Pflege
Hundeschule - ja oder nein?
Zähne und Zahnwechsel
Impfen - eine Alternative
Zur Züchterin
Schlusswort
Bolonka Zwetna - Der Zarenhund aus Russland

## Anhang

Zur Autorin
Eine Bitte zum Wohle von uns allen
Buch und CD-Vorstellungen

*Love them like family
or don't get them.*

*It's that simple.*

*(unbekannt)*

# *Informationen rund um den Hundekauf*

## *Grundvoraussetzungen für den Einzug eines Hundes*

Folgende Fragen sollten hierzu beantwortet sein:

- Habe ich genügend Zeit für einen Hund?
- Bin ich langfristig dazu in der Lage, einen Hund artgerecht zu versorgen?
- Bin ich in der Lage, für genügend Auslauf zu sorgen?
- Wie lange muss ein Hund im Höchstfalle alleine sein?
- Ist der Vermieter mit der Hundehaltung einverstanden?
- Stimmt der Arbeitgeber zu, den Hund gegebenenfalls mit auf die Arbeitsstelle zu bringen?
- Ist in meinem Leben – langfristig – genug Raum, den ein Hund braucht, um sich wohl zu fühlen?

## *Züchter oder Tierheim?*

*Es gibt Plus- und Minuspunkte auf beiden Seiten*

*Ein Hund aus dem Tierheim - was spricht dafür?*

Natürlich die fraglose Tatsache einer 'Guten Tat', die in manchen – wenn nicht sogar in allen – Fällen schon einer Tierrettung gleich kommt. Meistens steht den Tieren in Heimen kein besonders erfülltes Leben bevor, in dem sie sich in dem Glück wiegen dürfen, für ihre Einzigartigkeit geliebt zu werden – so wie ein Hund bei privaten Besitzern.

*Ein Hund aus dem Tierheim - was spricht dagegen?*

Auf der anderen Seite muss man damit rechnen, dass

- ältere, schlecht sozialisierte Hunde, die nicht immer eine positive Vergangenheit hatten – genau wie wir Menschen – Traumata entwickelten, die sich in mannigfacher Weise zeigen können.

Diese Folgen reichen von

- Apathie über
- Ungehorsam
- vehemente Stubenunreinheit
- Verschlossenheit gegenüber Menschen
- Unwilligkeit und -fähigkeit in Beziehung zu treten
- bis hin zu Aggressionen.

*Im Alten Jagdhaus: Fee mit ihrem Baby im Arm*

### *Was sagt die erfahrene Expertin Bettina Wild?*

*Bettina Wild* arbeitet mit Alpakas und Schafen, ist Gründerin des Projektes 'Landschaftspflege mit Ziegen' sowie Diensthundeführerin mit Erfahrungen im Schwerpunkt 'Resozialisierung schwer erziehbarer Hunde'. Heute hat sie sich allgemein auf die Kommunikation mit Tieren spezialisiert und wendet diese erfolgreich art- und rasseübergreifend an.

### Hunde aus dem Tierheim

Da sind schlimme Schicksale dabei. Nicht nur bei den Tieren, sondern auch bei den Menschen, die sich solche Hunde heimholen, sich komplett überschätzen und am

Ende verzweifeln. Das Resultat ist in diesen nicht seltenen Fällen, dass die Hunde immer wieder rumgereicht werden, bis sie schließlich doch wieder im Tierheim landen.

### Tierheim und Tiere aus dem Ausland

Wo auch immer die Hunde herkommen, ob aus dem Ausland oder dem Tierheim - Anfängern **rate ich grundsätzlich von solchen Tieren ab!**

Um solche Hunde zu sozialisieren, sollte man ein erfahrener Hundehalter sein. Da können so viele Herausforderungen an einen gestellt werden und so viele unbekannte Faktoren auf einen einwirken, dass man mit der Situation nur schwer klar kommen und schnell überfordert sein kann.

Selbst ich bin schon an Grenzen gestoßen. Doch ganz allgemein kann ich sagen - ob große oder kleine Rassen: Die Unarten der Hunde fallen leider erst auf, wenn sie eine Weile da sind. Und dann können sie einen zur Verzweiflung bringen.

### Aufs Töten trainiert

Da sich meine Kenntnisse mehr auf die großen Rassen wie Dobermänner, Schäferhunde, Rottweiler, Boxer, Pittbulls und die ganzen Kampfhunderassen beziehen, kann ich sicher sagen, dass schwer erziehbare Hunde dieser Rassen meist durch erhöhte Aggressivität und Bösartigkeit auffällig werden. Darum sind sie in erster Instanz ja im Tierheim gelandet.

Doch trotz all der vielen Übung mit schwer

sozialisierbaren Hunden und sogar der Konsultation weiterer Hundetrainer und Fachmänner, musste ich schon aufgeben. Darum ist es immer wichtig, offen für Neues zu sein, dazuzulernen und seinen Erfahrungshorizont zu erweitern.

Der eindrücklichste Fall war der einer Schäferhündin, die aufs Töten trainiert war. Diese Hündin hätte mir die Ziegen, Schafe und Alpakas umgebracht. Und da habe sogar ich kapituliert, denn Töten geht nicht! Diese fehlgeleitete Aggressivität hätte man **vielleicht** mit viel Geduld ausgleichen können, doch der Preis wären wahrscheinlich getötete Tiere gewesen, und diesen Preis war ich nicht bereit zu zahlen.

So musste ich sie schweren Herzens zurück ins Tierheim bringen.

*Ein American Staffordshire-Terrier Geschwisterpaar, 5 Monate alt*
*In diesem Alter kann man guten Einfluss auf den Charakter nehmen*

## Kleine Hunde aus dem Tierheim - oft unterschätzt

Bei den kleinen Hunden ist solch eine aufs Töten gerichtete Aggressivität meist nicht der Fall. Aber auch sie können falsch gehalten worden sein und dann wird man schnell nicht mehr Herr der Lage.

Gerade bei kleinen Rassen, so sagt meine Erfahrung, muss man jedoch noch viel vorsichtiger sein, als bei den großen; Ich persönlich sehe den großen Hunden eher an, was mit ihnen los ist. Doch das kann auch meiner vermehrten Erfahrung mit großen Rassen und verminderten Erfahrung mit kleinen Rassen geschuldet sein und nicht für jeden gelten.

Aggressive Tendenzen zeigen sich bei den Großen meist unmittelbar. Bei den Kleinen wird das oft unterschätzt. Kleine Hunde können genau solche 'Macken' haben; sie können ebenso aggressiv sein und sie können genau so beißen wie Vertreter großer Rassen.

## Das große Problem bei kleinen Hunden - die Unsauberkeit

Bei den Kleinen Hunden ist es jedoch meist die Unsauberkeit, die man fast nicht mehr rauskriegt. Für den Anfänger ist es eine große Aufgabe, sich wirklich einzufühlen und das Tier zu erforschen - ohne genau zu wissen, was der Hund hinter sich hat. Es ist dann nicht so leicht, das Tier in seinem Innersten zu erreichen und darüber hinaus eine nachhaltige Veränderung zu bewirken.

Unsauberkeit kann unterschiedliche Gründe haben; es ist nicht immer einfach schlichter Protest: Unsaubere Haltung von Anfang an, Vernachlässigung,

Verwahrlosung, Lieblosigkeiten aller Art - es gibt viele Ursachen. Diese Tiere stubenrein und verlässlich sauber zu bekommen, erscheint mir oftmals unmöglich.

*Maddox, Rottweiler, ausgebildeter Dienst- und Therapiehund*

### Sich selbst richtig einschätzen - das A und O

Um einen Hund aus dem Tierheim zu sich zu nehmen, muss man wirklich wissen, was man kann und darf sich nicht falsch einschätzen, nur weil sie einen durch die Gitterstäbe im Heim so lieb angucken. Auch ich möchte immer jedem helfen, doch das ist eine große Aufgabe, die nicht immer so leicht ist, wie sie klingt. Ich kenne Hunde, die sind zwei, drei mal aus dem Heim geholt worden und gehen immer wieder dorthin zurück.

### Kleinhunde-Liebhaber - ein besonderes Klientel

Ich denke, dass Menschen, die sich kleine Hunde holen wollen, zu einem besonderen Klientel gehören. Diese Menschen möchten meist etwas Liebes; sie wollen einen Schmuser, ein Püppchen, einen Kuschelkumpanen, der Streicheleinheiten liebt und Abends mit auf der Couch sitzt, eventuell sogar im Bett schläft.

Gerade solche Leute sind natürlich höllisch frustriert, wenn die Hunde alles verpinkeln, kaputt machen und/oder sogar aggressiv sind und beißen. In solch einem Fall ist die Rückgabe an das Tierheim am Ende meist die einzige Lösung.

### Unbedingte Voraussetzung beim Hundekauf - Ehrlichkeit mit sich selbst!

Was ich auch schon oft festgestellt habe - und es klingt hart: Es ist nicht immer die 'Gute Tat', die hinter der Entscheidung steht, einen Hund aus dem Tierheim zu sich zu holen; manche wollen einfach auch nicht so viel Geld ausgeben und denken: 'Lieber einen Hund aus dem Tierheim; der ist günstiger und da tue ich zusätzlich noch ein gutes Werk.'

Das ist nicht immer so ganz ehrlich.

**In diesem Fall
muss man unbedingt ehrlich zu sich selbst sein!**

*Fazit*

**Ich rate: Als Anfänger niemals einen Hund aus dem Tierheim zu holen.**

Man sollte erst darüber nachdenken, einen Hund aus dem Tierheim zu holen, wenn man

- genügend Erfahrungen hat und weiß, dass man wahnsinnig viel Geduld und Know How aufbringen muss, um mit Verhaltensauffälligkeiten umzugehen
- genügend Einfühlungsvermögen hat, um mit Problemhunden und schwer erziehbaren Tieren umzugehen
- eine hohe Frustrationstoleranz besitzt
- bereit ist, viel Zeit und Arbeit zu investieren, um eventuelle Verhaltensauffälligkeiten am Ende **vielleicht** in den Griff zu bekommen

***

*Merke:*

Wenn man nicht schon lange Hunde-erfahren ist, sollte man sich sehr gut überlegen und wirklich ehrlich zu sich selbst sein, bevor man eine Entscheidung trifft, die Ihnen und einem Tier am Ende eventuell mehr schadet als nützt.

***

\*\*\*

*Fuuh, eine 5-jährige Border-Collie-Hündin.*

*Border-Collies werden oft als Hütehunde eingesetzt, was Fuuh nicht verstanden hat und wofür sie sich nicht eignet. Die Tochter von Bettina Wild, Esther, ist die 4. Besitzerin der Hündin. Sie konnte Fuuh in ihrer Seele erreichen und eine Verbindung zu ihr aufbauen. Esther hat in Fuuh, die leider das Schicksal von einigen 'herumgereichten' Hunden teilt, ihre Seelenhündin gefunden.*

\*\*\*

*Ein Hund vom Züchter - die Gefahren*

Die Gefahr, bei einem Züchter einen Hund zu kaufen, ist die ewige Sorge, nicht an einen Vermehrer, einen Massenzüchter, eine Geld-Maschinerie zu geraten, die viel im Blick hat, aber nicht das Wohl der Tiere.
Ist es ethisch überhaupt vertretbar, statt einen herrenlosen Hund aus einem der vielen Tierheime 'zu retten', einen Rassehund bei einem Züchter zu erwerben?

*Ja, das ist es!*

*Denn ohne Züchter
gäbe es schon lange keine Hunderassen mehr!*

\*\*\*

*Welpen, die bei der Mama trinken*

\*\*\*

Ohne Menschen, die ihr Leben und Herzblut den Tieren verschrieben haben und

- viel Schmutz
- ewige Putzerei
- ungeschlafene Nächte
- permanente Unabkömmlichkeit und
- andauernde Gebundenheit an ihre Zuchtstätte

auf sich nehmen, hätten wir weder Hunde, die unsere Grundstücke bewachen, noch solche, die in totaler Liebe zum Menschen aufgehen und Wachhunde, Hütehunde oder Schoßhunde sind.

*Den passenden Hund erkennt man an den Merkmalen einer Rasse*

Ohne Züchter wäre niemand in der Lage, einen Hund zu sich zu nehmen, der gewisse Rassemerkmale aufweist und dadurch wirklich zu ihm passt!

Keiner könnte die bewusste Entscheidung für oder gegen bestimmte Wesenszüge und Eigenheiten treffen und sich für einen Hund entscheiden, der ihm selbst, seinem Leben und seinen Aktivitäten entspricht – was jedoch für das gemeinsame Zusammenleben maßgeblich ist.

*Ein Hund vom Züchter - was spricht dafür?*

Wie viel einsamer wären

- all die Alleinstehenden
- all die älteren Menschen
- all jene, die keine Kinder oder Familie haben – so wie ich, die Autorin –

gäbe es keine Züchter und den für einen Menschen passenden Hund?

Wie viel ärmer wären all die Familien, die sich - im Beispiel Bolonka Zwetna - an ihre süßen Kuschel-Hunde gewöhnt haben und diese um nichts in der Welt missen möchten? Und wie viel ärmer wären all die Kinder, für die ihre Seelen- und Spielgefährten alles sind?

Viele Familien und Alleinstehende wären schlicht nicht in der Lage, einen traumatisierten Hund aus dem Tierheim bei sich aufzunehmen, was auch niemandem zu verdenken ist oder übel zu nehmen wäre!

*Ein Hund vom Züchter lohnt sich!*

Darum: Es lohnt sich, einen guten, verantwortungsvollen Züchter aufzusuchen, seine Zuchtstätte zu besuchen, sich die Tiere anzusehen und sich von dort einen Freund für's Leben Heim zu holen!

*Nur – woran unterscheiden sich 'gute' Züchter von den anderen?*

## *Züchter - wie finde ich einen Guten?*

*Individualität ist Geschmackssache*

Vor allem kommt es darauf an, dass der Züchter, den Sie sich aussuchen, zu IHNEN passt. Dass er IHRE Wertvorstellungen vertritt, und diese können von Mensch zu Mensch ganz unterschiedlich sein.
Darum kann ich lediglich sagen, *worauf ich Wert lege.*

Mir ist wichtig,

- dass meine Hunde naturnah aufwachsen.
- dass sie viel draußen sind.
- dass sie viel Platz zum Toben und Spielen haben.
- dass sie viel Ruhe haben.
- dass sie nicht permanent durch Stadt- und Motorenlärm beschallt werden.
- dass sie nicht permanent durch künstliche Klänge, wie die aus einem Fernseher oder einem Radio kommen, beschallt werden.
- dass die Hunde nicht gestresst und/oder abgestumpft sind.

*Ich persönlich lege großen Wert darauf, dass der Züchter immer zu Hause ist!*

*Das heißt:*
*Entweder er/sie züchtet hauptberuflich*
*oder arbeitet von zu Hause aus*

... und geht nicht - neben ein paar umherlaufenden Zuchthündinnen - 8 Stunden arbeiten.

Zwar haben berufstätige Leute in der Regel weniger Hunde, doch sind diese wesentlich schlechter betreut. Wie soll das auch gehen, wenn man einem weiteren Job nachgeht?

*Wichtige Fragen an den Züchter*

Wie werden die Hunde einer Zucht medizinisch versorgt?

- Wird der Zuchtbestand tierärztlich betreut?
- Werden die Welpen tierärztlich untersucht?
- Wird ein Gesundheitszeugnis für die Welpen ausgestellt?
- Werden bei den Hunden, die in die Zucht gehen, manuelle und genetische Test durchgeführt, die erblich bedingte Schäden und ungewollte Rassemerkmale ausschließen?
- Liegen Papiere vor?
- Wird immer gleich zu schulmedizinischen Methoden gegriffen, die mitunter sehr brachial und bei Weitem nicht immer optimal sind und nicht *immer nur* helfen? Oder werden naturheilpraktische Behandlungsverfahren in Erwägung gezogen und angewandt, die meist mehr Nutzen als Schaden bringen, was bei der schulmedizinischen Therapie nicht immer der Fall ist, vor allem dann nicht, wenn es um die – heute sehr oft – leichtfertige Vergabe von Medikamenten geht?
- Wird bei Bedarf, wenn keine naturheilmedizinischen Verfahren weiterhelfen, ein Tierarzt zu Rate gezogen?

Da ausgestellte Papiere sehr wichtig sind, ist diesem Thema ein eigenes Kapitel gewidmet. Sie finden weitere Informationen in dem Kapitel *Warum Papiere wichtig sind.*

- Wie sieht es mit der Pflege aus? Sind die Hunde gepflegt?
- Weiß der/die Züchter-in die Tiere zu frisieren und das Fell artgerecht zu pflegen?
- Sind die Hunde, wenn es eine Rasse ist, die frisiert werden muss, ordentlich frisiert? Oder werden sie Winter wie Sommer einfach nur 'nackt' gemacht, um das Handling zu erleichtern?

*Bolonka Zwetna Hündin Samira aus dem Alten Jagdhaus*

### *Ist der Züchter in seinem Fach ausgebildet?*

- Welche Ausbildungen kann der Züchter vorweisen?
- Ist er medizinisch geschult?
- Hat er Ausbildungen, welche als grundlegenden Inhalt die Arbeit mit Tieren hatten?
- Gibt es Zusatzausbildungen oder Qualifikationen?
- Wurden Züchterseminare besucht?

*Kann der Züchter Erfahrungen im Umgang mit Tieren nachweisen?*

- Wie lange arbeitet der Züchter schon mit Tieren und welche Erfahrungen kann er nachweisen?
- Ist die Züchterin eine Angestellte, die halbtags arbeitet und zu Hause ein paar Hunde herumzulaufen hat, oder eine Hausfrau, die neben ihren Kindern noch 2 – 3 Zuchthündinnen im Haus hält und die 'Zucht' - obwohl man es in solchen Fällen kaum so nennen kann – als reines Hobby nebenbei betreibt?

*Wie werden die Hunde betreut?*

- Was passiert mit den Hunden, sollte der Züchter mal nicht zu Hause sein?
- Gibt es die permanente Anwesenheit einer Hundebetreuung oder weiterer Personen?
- Müssen die Tiere viel alleine sein?

*Wo leben die Tiere?*

- Leben die Hunde separiert vom Wohnbereich?
- Gibt es Nebengebäude, in denen die Hunde zeitweise oder auch dauerhaft untergebracht bzw. 'geparkt' werden, oder leben sie im Haus als Teil der Familie?
- Wo schlafen die Tiere?
- Hat der Züchter auch Nachts Kontrolle über die Hunde oder werden sie Nachts einfach 'weggesperrt?'

### *!!! Wichtig !!!*

*Wo wachsen die Welpen auf?*

Lassen Sie sich die gesamte Zuchtstätte zeigen und fragen Sie, wenn nötig, den Züchter Löcher in den Bauch! Stabilität und Charakter hängen stark von der Aufzucht ab!

All diese Fragen sind wichtig im Bezuge darauf, ob sich ein Hund seelisch und charakterlich stabil und menschenfreundlich entwickeln kann oder nicht.

## *Züchter mit Familie*

*Vorteile*

- Manche Züchter haben Familien mit einem zweiten, berufstätigen Partner, was die finanzielle Situation natürlich entspannt.
- Einige haben erwachsene Kinder, welche die Zucht auch mal übernehmen können, damit die Eltern das Haus verlassen, unter Umständen sogar verreisen können. Das ist aber nicht bei allen der Fall und auf keinen Fall die Regel!

*Nachteile*

- Ein Züchter mit Familie hat immer auch andere Verpflichtungen, wie Feiern, Geburtstage, etc.
- Die Menschen der eigenen Familie gehen, im Vergleich zu den Tieren, selbstverständlich immer vor!

## *Züchter ohne Familie*

*Nachteile*

- Ein Züchter ohne Familie ist auf geschultes Fachpersonal angewiesen und hat dadurch höhere Kosten.
- Die Gebundenheit an Haus und Hof ist praktisch 100%. Wochenende, Tagestouren oder Urlaub sind undenkbar, da sie mit sehr hohen, zusätzlichen Kosten verbunden sind, die eine Hundezucht nicht abwerfen kann.

*Vorteile*

- Ein Züchter ohne Familie hat keine weiteren Verpflichtungen und ist allein für die Tiere da.
- Es gibt niemanden, der wichtiger als die Tiere ist und in der Wertigkeit über den Tieren steht.

*Scheuen Sie sich nicht, wenn nötig, nachzuhaken und/oder recherchieren Sie selbst über die ausgewählte Zuchtstätte im Internet.*

\*\*\*

\*\*\*

## *Warum Papiere wichtig sind*

Nur eine eingetragene und vom Veterinäramt anerkannte Zucht unterliegt den Auflagen und Kontrollen der Ämter und muss die Anforderungen des Tierschutzgesetzes erfüllen.

*Voraussetzungen für die amtliche Anerkennung*

Pflicht sind

- Mitgliedschaft in einem Hundeverband
- eingetragene Papiere für alle Hunde
- Nachweis über entsprechende Qualifikationen der Züchter, dazu zählen Ausbildungen und besuchte Züchterseminare
- Führen eine Bestandsbuches, dass den Kontrollen des Amtes unterliegt

*Was sind Papiere?*

*Als Papiere bezeichnet man die Ahnentafeln.*

Ahnentafeln, die gleichzeitig als Abstammungsnachweis dienen, werden nur ausgestellt, wenn

- beide Elterntiere Papiere besitzen
- das Tier geimpft und gechipt ist
- eine Zuchttauglichkeits-Bescheinigung des jeweiligen Tieres vom Tierarzt vorliegt.
- Gesundheitsnachweise vorgelegt werden können

Je nach Verband müssen unterschiedliche Nachweise und Gesundheitstest beigebracht werden.

*Viele Züchter lassen jedoch ihre Hunde zusätzlich und selbstständig auf bestimmte Krankheiten testen, auch wenn dies der Verband nicht vorschreibt.*

**Einen 'guten' Züchter erkennt man nicht am Hundeverband, sondern daran, wie verantwortlich er persönlich mit den Gesundheits-Kontrollen und Tests umgeht und diese auch durchführt!**

\*\*\*

*Mutterhündin mit ihren Neugeborenen*

\*\*\*

Allerdings ist es leider auch in Einzelfällen vorgekommen, dass sich Züchter durch Fälschung von Gesundheitszeugnissen und Tests Papiere erschleichen wollten, manchmal sogar erfolgreich erschlichen haben.

*Die Vorschriften eines Hundeverbandes schützen nicht vor Willkür und Betrug! Wenn ein Züchter betrügen will, dann wird er das tun, egal was der Verband vorschreibt!*

Das ist allerdings nicht die Regel, sondern betrifft ganz wenige Ausnahmen! In der Regel gilt:

***Zucht ohne Papiere bedeutet: Zucht ohne Kontrolle***

Entschließt sich ein Züchter dafür, keine Papiere für seine Tiere ausstellen zu lassen, fallen sämtliche Kontrollen weg, was Tür und Tor für Scharlatanerie öffnet.

*Ein Züchter, der rechtschaffen arbeitet, die Tiere artgerecht hält und die wichtigsten Gesundheits-Check-Ups machen lässt, hat keinen Grund, ohne Papiere zu züchten!*

Welche Gesundheits-Tests sinnvoll sind und was sie bedeuten, erfahren Sie im anschließenden Kapitel.

\*\*\*

\*\*\*

***

*Der Hundepark der Hundezucht aus dem Alten Jagdhaus*

***

## *Krankheiten und Tests*

*Die wichtigsten Krankheiten und deren Vorbeugung*

Mittlerweile ist es bei vielen Züchtern Standard, seine Hunde auf bestimmte erbliche Krankheiten und deren Anlagen testen zu lassen, wobei hier ganz klar gesagt werden muss, dass nicht alle Test 'Krankheiten' im klassischen Sinne bestimmen. Bei manchen Tests handelt es sich eher um Erbinformationen von Eigenschaften, die man bei unterschiedlichen Hunderassen nicht herauszüchten möchte. Dazu zählt zum Beispiel das 'Rauhaar', wie es manche Dackel und bestimmte Terrierarten tragen, das bei der Rasse Bolonka Zwetna jedoch als Erbinformation nicht erwünscht ist.

In der Praxis hat sich das Testen von Genmaterial in Laboren in soweit bewährt, als dass gewisse Untersuchungen und bestimmte Tests genetische

Dispositionen ausschließen und somit garantiert ist, dass das Tier die entsprechenden Erbinformationen nicht trägt und die daraus resultierenden Krankheiten oder genetischen Dispositionen im Laufe eines Lebens nicht auftreten können.

Für Züchter sind bestimmte Tests mittlerweile unablässig, da Zuchttiere frei von Erbkrankheiten sein *müssen*. Da einzelne Tiere auch Träger bestimmter Erbinformationen sein können, ohne jedoch selber krank zu sein (siehe *Genetik auf einen Blick*), ist es auch nicht möglich, 'auf Sicht zu züchten', wie manche Züchter behaupten, da ein Trägertier weder krank ist noch Anzeichen einer genetischen Disposition zeigt, die entsprechenden Gene jedoch weitervererben kann.

Das klingt möglicherweise im ersten Moment dramatischer, als es ist! *Bitte keine Sorge – alle verantwortungsbewussten Züchter lassen ihre Tiere testen und wissen, was sie tun!*

Um einen kleinen Überblick über die mittlerweile standardisierten Tests und die *Genetik auf einen Blick* zu geben, habe ich die folgenden Kapitel eingefügt, die sich allesamt auf die Standard-Tests von Bichons, also Haushunden, beziehen.

Da jede Hunderasse eigene Schwachpunkte, Stärken und Rassemerkmale aufweist, die man in der Zucht haben oder nicht haben möchte, unterscheiden sich die vorgeschriebenen, und auch freiwillig über die Vorschriften hinaus durchgeführten, Tests erheblich. Das geht sogar so weit, dass unterschiedliche Rassen auf die selben Erbinformationen getestet werden, weil sie bei der einen erwünscht, bei der anderen jedoch nicht erwünscht sind. Bei dem selben Test wird das entgegengesetzte Ergebnis erhofft - wieder Beispiel 'Rauhaar', das bei manchen Rassen erwünscht, bei manchen nicht erwünscht ist.

Weitere, ausführlichere und rassespezifische Informationen finden Sie im Internet oder erfragen diese einfach direkt bei dem Züchter Ihrer Wahl.

*Die Genetik auf einen Blick*

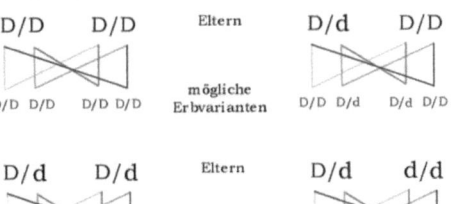

*Beispiele einiger spezifischer Risiken der Rasse Bolonka Zwetna und verwandter Arten*

\*\*\*

*Patellaluxation (Kniescheiben-Verrenkung)*

Die Verrenkung der Kniescheibe (Patella-Luxation) ist eine häufige Ursache von Lahmheiten bei Hunden. Vor allem kleine Hunderassen, aber auch wachsende und ältere Hunde, sind anfällig für eine Kniescheiben Verrenkung.

Die Kniescheibe (Patella) ist ein flacher, scheibenförmiger Knochen, der vor dem Kniegelenk liegt. Bei der Patella-Luxation springt die Kniescheibe des Hundes aus ihrer Gleitrinne im Oberschenkel-Knochen heraus. Dadurch kann der Hund das Bein nicht mehr richtig oder nur noch unter Schmerzen belasten.

*Ursachen*

Mögliche Ursachen einer Kniescheiben-Verrenkung (Patella-Luxation) beim Hund sind eine angeborene zu flach ausgebildete Gleitrinne sowie Abweichungen in der Knochenachse zwischen Oberschenkel und Unterschenkel.

Auch Gelenkerkrankungen wie die Arthrose (Gelenkverschleiß) bei älteren Hunden können eine Kniescheiben-Verrenkung begünstigen.

Davon unterscheidet man die Kniescheiben-Verrenkung bei Hunden mit einer normalen Patellaform durch einen Unfall. Sie tritt meist nur an einer Seite auf und ist häufig mit einer Verletzung, gerissenen Bändern und einem Bluterguss (Hämatom) verbunden.

*Symptome*

Die Kniescheiben-Verrenkung (Patella-Luxation) lässt sich daran erkennen, dass der Hund beim Laufen plötzlich das Bein hochhält. Der Hund entlastet das betroffene Bein zeitweise, sodass er nur auf drei Beinen läuft – dadurch kommt es zu einem typisch hüpfenden Gang.

Bei einer starken Kniescheiben-Verrenkung mit Schmerzen kann die Belastbarkeit des betroffenen Beins mitunter so stark eingeschränkt sein, dass der Hund deutlich lahmt.

*Quelle: Tiermedizinportal.de*

\*\*\*

## *Dilution (Farbverdünnung)*

*auch Farbmutanten-Alopezie genannt*

### *Was ist Dilution?*

Das Dilute-Gen (vom engl. dilution = Farbverdünnung) ist verantwortlich für die Intensität der Fellfarbe, indem es die Anzahl an Pigmenten im Haarschaft beeinflusst. Es handelt sich also um ein Gen, welches für eine „Verklumpung" des Melanins sorgt, das zur Folge hat, dass die Farben aufhellen. Das Gen „D" bewirkt somit eine intensive Pigmentierung, „d" dagegen eine abgeschwächte. Es gibt zwei Varianten der Farbverdünnung: „Blau" (= abgeschwächte Farbe von der schwarz-roten Fellfarbe) und „Isabell" (= abgeschwächte Farbe von der roten Fellfarbe).

### *Was verursacht die Disposition?*

Die blaugraue Fellfarbe dieser Hunde wird durch eine genetische Mutation hervorgerufen. Durch diese Mutation werden abnormal gefärbte Haare gebildet, was bei einigen Rassen allerdings gewünscht ist, wie zum Beispiel bei der Deutschen Dogge.

Beim Bolonka Zwetna ist das Aufhellen der Farben nicht gewünscht. Des weiteren hat man festgestellt, dass die unerwünschte Variante (d/d) mit der Alopezie (= Haarausfall) im Zusammenhang steht. Bei der Alopezie fallen teilweise Haare aus. Das Haar ist schütt, bricht ab und es kann zu Juckreiz kommen. Außerdem sind diese Hunde für rezidivierende bakterielle Hautinfektionen prädestiniert.

Die helle Farbmutation wird rezessiv vererbt, das heißt, beide Elterntiere eines Hundes können Träger des mutierten

Gens sein, obwohl sie selber nicht hell sein müssen. Es gibt einen Gentest, der die Trägertiere für eine Farbmutation erkennt. Aber es gibt bisher keinen Test, der erkennt, welche Hunde mit der Farbmutante dann auch eine Farbmutantenalopezie entwickeln.

### *Wie äußert sich eine Farbmutanten-Alopezie?*

Betroffene Hunde sind bei der Geburt unauffällig. Sie entwickeln im Alter zwischen 6 Monaten und 2 Jahren die ersten Symptome: Ausdünnen der Haare, leichte Schuppung, meist über den Rücken. Normal gefärbte Hautbezirke (z. B. bei gefleckten Hunden) sind nicht betroffen. Häufig entwickelt sich in den betroffenen Gebieten eine sekundäre Pyodermie (bakterielle Hautentzündung), die den Hund stört und Juckreiz verursachen kann.

Den Verdacht der Erkrankung kann der Tierarzt schon mit den klinischen Symptomen und einer Haarprobe (Trichogramm) stellen. Für eine definitive Diagnose braucht es jedoch Hautbiopsien, die histologisch untersucht werden.

### *Kann eine Farbmutanten-Alopezie behandelt werden?*

Es ist keine spezifische Therapie bekannt, welche die Pigmentstörung und -verklumpung behandeln könnte. Eine symptomatische Therapie kann mit milden antiseborrhoeischen und/oder antibakteriellen Shampoos erfolgen. Bei sekundärer Pyodermie muss diese mit 3- bis 4-wöchiger Antibiotikagabe therapiert werden, am besten zusammen mit einem antibakteriellen Shampoo.

Der Haarverlust ist irreversibel. Der Hund braucht meist eine dauerhafte Hautpflege, welche die mögliche wiederkehrende Alopezie abmildern kann.

*Was soll weiter beachtet werden?*

Da der Vererbungsmodus der hellen Farbmutation und damit das Risiko der Erkrankung bekannt ist, sind zuchthygienische Maßnahmen sehr effektiv und auf jeden Fall zu empfehlen. Es muss durch genetische Tests festgestellt werden, ob die Tiere reinerbig oder Trägertiere sind. Zwei Trägertiere des mutierten Gens sollten unter keinen Umständen miteinander verpaart werden.

Da das große D, das sogenannte Wildtyp-Allel, dominant ist, sind Trägertiere nicht krank! (D/d) Sie tragen lediglich die genetische Veranlagung zur Vererbung des kleinen d, die zusammen mit einem anderen Trägertier oder schlimmer – einem Betroffenen Tier (d/d) – 'kranke' Welpen hervorbringen kann.

Mit betroffenen Hunden, das bedeutet Hunden, die die Genetische Variante d/d tragen, sollte auf keinen Fall gezüchtet werden. Die Elterntiere der betroffenen Hunde dürfen nicht mehr verpaart werden, um eine weitere Verbreitung der Genmutation zu vermeiden.

*Bei diesem trockenen Thema braucht man ab und zu ein süßes Bild: Zwei Bolonka Zwetna Neugeborene*

## *Furnishing (Rauhaar)*

Bei einigen Hunderassen ist – unabhängig von der Länge des Deckhaars – das Gen RSPO2 maßgebend für die Variante „Rauhaar". Bei diesen Hunden mit der Genvariante *Furnishing* sind die Haare an Bart und Augenbrauen deutlich länger als das übrige Deckhaar. Das Furnishing-Allel wird dominant über das „unfurnished" (="satin")-Allel vererbt, d.h. ein rauhaariger Hund kann Träger von satin sein.

Bei der Verpaarung zweier solcher Trägertiere können dann Welpen ohne Furnishing fallen. Diese Fellvariante ist zum Beispiel beim Portugiesischen Wasserhund unerwünscht und wird in diesem Fall auch „Improper Coat" genannt.

*Quelle: Laboklin.de*

*\*\*\**

## *Progressive Retina-Athropie (PRA)*

Die progressive Retina-Atrophie (PRA) ist eine Augenerkrankung, die zu einer Degeneration der Netzhaut (Retina) und durch kontinuierliches Fortschreiten zur Erblindung führen kann.

Die Netzhaut, an der hinteren Innenseite des Auges lokalisiert, ist für die Bildentstehung verantwortlich und besteht aus Lichtsinneszellen (Photorezeptorzellen) sowie spezialisierten Nervenzellen. Es werden zwei Typen von Photorezeptoren unterschieden: Stäbchen und Zapfen. Die Stäbchenzellen sind spezialisiert auf das Dämmerungs- (hell-dunkel) und Kontrastsehen. Die Zapfenzellen hingegen konzentrieren sich auf das Tages- und Farbsehen. Bei der prcd-PRA verlieren zuerst die Stäbchenzellen ihre normale Funktion, dies führt zu fortschreitender

Nachtblindheit und einem Verlust der Anpassung des Sehvermögens.

Im späteren Stadium können auch die Zapfenzellen zerstört werden, so dass es schließlich zur völligen Erblindung des Hundes kommen kann.

Die klinischen Symptome treten in der Regel schon in der frühen Jugend auf, bei den verschiedenen Hunderassen allerdings zu unterschiedlichen Zeitpunkten.

\*\*\*

\*\*\*

## *Giftpflanzen*

Machen Sie sich bloß nicht verrückt, was das Thema *Giftpflanzen* angeht! Zwar findet man immer wieder Listen darüber - und auch hier werde ich einen Link beifügen - jedoch muss man sich vor Augen führen, dass Hunde *keine Pflanzenfresser sind!*

Ich habe es in meiner langjährigen Erfahrung noch **nie** erlebt, dass meine Hunde sich über irgendwelche Blumen, Büsche oder sonstige Dolden hergemacht hätten. Wenn es Sie allerdings beruhigt – und Sie wissen ja: *Wenn es Ihnen gut geht, dann überträgt sich das auch auf Ihren Hund –* dann schauen Sie auf den Link www.giftpflanzen.de und werfen einen Blick auf diese umfangreiche Zusammenstellung von Giftpflanzen für Hunde.

**Machen Sie sich kundig -**
***aber bitte nicht verrückt!***

\*\*\*

## *Was beinhaltet der Preis eines Hundes und woraus setzt sich der Preis zusammen?*

Der letztendliche Preis für einen Welpen setzt sich *nicht* nur dadurch zusammen, dass der Züchter

- Futter
- Impfungen
- Pflege
- tierärztliche Grunduntersuchungen und
- Wurmkuren

bezahlt, sondern:

*Hundezucht – die Voraussetzungen*

Ein Hundezüchter, der eine vom Veterinäramt anerkannte Zucht führt, hat strenge Auflagen, die sich am Tierschutzgesetz orientieren.

Es muss genügend Platz und Auslauf auf dem Grundstück und im Haus geschaffen werden. Das bedeutet, dass der Züchter ein entsprechend großes Haus und Grundstück haben und unterhalten *muss,* um die Voraussetzungen für eine Hundezucht überhaupt zu erfüllen.

Das entsprechend große Haus muss

- geheizt
- beleuchtet
- geputzt und
- instandgehalten werden.

Es fallen also zusätzliche Kosten an für die

- Pflege des Hauses sowie für die
- Instandhaltung des Hauses und des Grundstücks

Die Mitgliedschaft in einem Hundeverband ist für anerkannte Zuchten Pflicht - und ist ebenfalls kostenpflichtig

So addieren sich

- Mitgliedsbeitrag des Verbandes
- kostenpflichtige Erstellung der jeweiligen Ahnentafeln
- Besuch von Züchterseminaren für die entsprechenden, nachweisbaren Qualifikationen des Züchters, die nach erfolgreichem Abschluss zur Zucht berechtigen

*Auslauf, Zäune, Sicherheit*

Zudem muss das Grundstück eingezäunt sein, um die Sicherheit der Hunde zu gewährleisten und es muss draußen wie drinnen die Möglichkeit bestehen, Hunde – zum Beispiel Rüden und läufige Hündinnen – voneinander zu trennen.

Es müssen also

- Zäune gestellt
- Bereiche abgetrennt
- regen- und wetterfeste Liegeplätze installiert werden
- ggf. Hundeklappen in die Türen eingebaut werden, sodass die Hunde tagsüber selbstständig in die ihnen zur Verfügung stehenden Bereiche im Haus hinein und heraus können

Um ein 4000m2 großes Grundstück instandzuhalten, wie das in meinem Beispiel der Fall ist, müssen die Hundeauslaufflächen regelmäßig gemäht werden. Dazu reicht ein einfacher, kleiner Elektrorasenmäher nicht aus.

Es muss also

- Mähtechnik angeschafft, gewartet und ebenfalls instandgehalten werden.
- Die Zäune müssen regelmäßig begutachtet und bei Bedarf repariert werden.

\*\*\*

*Das Betreiben einer Hundezucht  
ist kein Beruf, sondern ein Lebensstil*

\*\*\*

*Was der Züchter bietet*

Das Haus kann nur verlassen werden, wenn eine fachmännisch geschulte Person, die bezahlt werden muss – wie in meinem Falle – anwesend ist

Dazu kommen

- Permanente Unabkömmlichkeit
- Kein freies Wochenende im Jahr
- Kein Urlaub

**Tagestouren sind nur möglich, wenn eine bezahlte, ausgebildete und mit der Zuchtstätte vertraute Fachkraft im Haus anwesend ist.**

- Wie im Kindergarten, kann in einer Hundezucht der Lautstärkepegel sehr hoch sein.
- Es gibt so gut wie keine Zeit, in der der Züchter einmal alleine für sich sein kann.
- Viele Nächte können nicht durchgeschlafen werden, da auch Nachts der Züchter auf die Tiere reagieren können muss.
- Tragende Hündinnen sind nahe des Geburtstermines Tag und Nacht unter Aufsicht.
- Bei Geburten können schnell 1 - 2 Nächte ungeschlafen und in erhöhter Alarmbereitschaft, neben der täglich anfallenden Arbeit, verbracht werden.
- Neugeborene Welpen und die Mütter sind ebenfalls Tag und Nacht unter Aufsicht.

*So niedlich, wie das Fiepen Neugeborener sein kann, so sehr kann es aber auch die Nachtruhe stören und das Schlafen unmöglich machen bzw. nur stundenweise ermöglichen, wenn die Welpen selbst gerade schlafen.*

*Ein Welpe spielt mit seiner Mama*

***

## *Ohne Zuchtbestand keine Zucht*

***

Die Tiere einer Zucht, also der Zuchtbestand, wozu nicht nur die aktuell tragenden Hündinnen, sondern auch

- Rüden
- Hündinnen in der Ruhephase und der
- Nachwuchs

gehören, müssen

- unterhalten
- gepflegt
- gefüttert und
- tierärztlich betreut

werden, wozu in meinem Fall der Bolonka Zwetna Zucht das Pflege-Equippment wie Frisiertisch, Scheren, Schermaschine, deren regelmäßige Wartung, sowie das Schleifen der Scherblätter gehören.

Hinzu kommen

- Betten
- Decken
- Liegeplätze
- Spielsachen sowie
- die gesamte Grundausstattung einer Hundezucht

die sich in der Zeitspanne eines Jahres in einer Zucht sehr schnell abnutzen.

*Das Risiko einer Geburt*

*Auch bei Tieren kann es Komplikationen geben!*

*Geburten bergen bei Tieren, genau wie bei Menschen, immer Risiken. Es ist ein Irrglaube, dass Tiere ihre Geburten immer und komplett alleine regeln können und nie etwas schiefgeht.*

Sollte zum Beispiel ein Welpe im Mutterleib querliegen, oder sollten sonstige Komplikationen eintreten, muss unverzüglich ein Tierarzt oder eine Klinik aufgesucht werden – die im besten Fall vorab über die Geburt informiert wurde – und es muss ein operativer Eingriff erfolgen, der sofort bezahlt werden muss.

*Kosten um 1500,- Euro plus Nachsorge sowie weitere Konsultationen beim Tierarzt inklusive Behandlungen*

Diese Summe muss immer verfügbar sein und im Zweifelsfall bar bereit liegen.

*Eine Mama mit ihren Babies*

*Ans Haus gebunden*

*Vor einer Geburt ist es einem Züchter praktisch nicht mehr möglich, das Haus zu verlassen.*

Das bedeutet:

Ungefähr eine Woche lang, um den errechneten Geburtstermin herum, können weder Termine wahrgenommen, noch Einkäufe erledigt werden.

**Der Züchter muss in diesem Fall vorsorgen!**

\*\*\*

*Ohne Nachwuchs keine Zucht*

Der Züchter muss sich in regelmäßigen Abständen Nachwuchs 'stehenlassen', wie man in Fachkreisen sagt.

Das bedeutet:

- Aus unterschiedlichen Würfen muss er Hündinnen, ggf. auch Rüden, behalten, um den Zuchtbestand stabil und damit seine Zucht am Leben zu erhalten.

**Hündinnen sind um das zweite Lebensjahr, Rüden nicht vor dem ersten Lebensjahr einsetzbar.**

Der Züchter hat demnach immer wesentlich mehr Tiere im Haus, als er tatsächlich für die Zucht einsetzen kann.

*Der Nachwuchs, den ein Züchter aufzieht, ist aber keine Garantie dafür, dass die Tiere später auch einmal alle Kriterien der Zuchttauglichkeit erfüllen!*

Dazu gehören:

- Untersuchungen beim Tierarzt
- Gentests in Labors
- Ausstellung von Gesundheitszeugnissen und der Zuchttauglichkeitsbestätigung
- Ausstellung der Ahnentafel vom Verband

Es kann also vorkommen, dass ein Züchter ein Tier 1 – 2 Jahre im Haus hat, nur um es am Ende doch abzugeben.

*Ein zweiter Job – undenkbar!*

Vor dem Hintergrund dieser Grundvoraussetzungen, die ein Züchter erfüllen muss, ist schnell jedem klar, dass ein Züchter keinen zweiten Job annehmen und pflichtgemäß ausführen kann, da praktisch immer jemand bei den Hunden sein muss.

*Darum ist die Hundezucht nicht nur ein Beruf, sondern ein Lebensstil!*

\*\*\*

Dazu kommen generelle finanzielle Verpflichtungen wie

- Mehrwertsteuer auf jeden Welpen- und Hundeverkauf
- Hundesteuer
- Grundsteuer für das große Grundstück, das Grundvoraussetzung ist, eine Zucht führen zu dürfen
- Gewerbesteuer
- Beiträge für die IHK, die jeder Gewerbetreibende zu leisten hat

- Umsatzsteuer
- Betriebshaftpflicht-Versicherung
- Gewerberechtsschutz-Versicherung
- Werbekosten
- Webhosting einer Internetseite
- Parasiten-Schutzmaßnahmen wie jährliche Wurmkuren und Spot-Ons für den gesamten Bestand
- Fotoausrüstung je nach Anspruch
- Computer-Equipment
- sowie das Nachkommen der gesetzlichen Verpflichtung für Selbstständige zum Anlegen einer eigenen Altersvorsorge

*Womit muss ich rechnen?*

Zieht man all die oben genannten Punkte in Betracht, wird verständlich, dass der Preis für einen reinrassigen Hund nicht zu vergleichen ist mit Preisen von Billiganbietern, die im Leben nicht den Service und den verantwortungsvollen Umgang bieten können, die ein renommierter, ernsthafter Züchter bietet.

Im Fall eines Kleinhundes, wie zum Beispiel eines Bolonka Zwetna, jedoch auch im Falle aller anderen Rassen der FCI-Gruppe 9 der Gesellschafts- und Begleithunde, muss der Welpenpreis eines verantwortungsvollen Züchters zwischen

**1200,- und 1500,- Euro**

liegen, will der Züchter mit seiner Zucht überleben.

*Sollten Sie billigere oder gar Billigangebote sehen, werden sie misstrauisch!*

Teil II

## *Die Erstausstattung*

*Was brauche ich, bevor mein neuer Lebensbegleiter bei mir einzieht?*

Eigentlich sollte Ihnen ihr Züchter diese Fragen beantworten können.

*Ein guter Züchter wird sogar eine Erstausstattung auf Ihren Wunsch hin zusammenstellen.*

Ist es Ihnen jedoch lieber, selber für Ihren neuen Welpen einkaufen zu gehen, dann empfehle ich:

- Eine **Hunde-Transportbox** entsprechend der benötigten Größe. Idealerweise eine, die man nicht nur vorne, sondern auch oben öffnen kann. So können Sie den Hund neben sich im Auto sicher transportieren. Bei Bedarf können Sie immer mal von oben in die Box fassen, um Ihren Liebling zu streicheln oder zu beruhigen, wenn notwendig.
- Einen **kuscheligen Schlafplatz**. Der Markt ist voll mit den bequemsten Kissen und Liegeplätzen, die manche Menschen vor Neid erblassen lassen.
- **Trink- und Fressnapf**
- Ein **Geschirr** sollten Sie vom Züchter mitbekommen. Es macht Sinn, selbst erst loszugehen und ein eigenes Geschirr zu kaufen, wenn der Welpe bei Ihnen eingezogen ist und Sie ihn zum Einkaufen und Anpassen mitnehmen können.
- Auch **Futter** sollten Sie vom Züchter mitbekommen. Wenn Sie jedoch vorab lieber selbst schon einmal etwas auf Vorrat bei sich

Daheim haben möchten, dann sprechen Sie mit ihrem Züchter und fragen Sie nach dem dort verabreichten Futter.

Zusätzliche Inspirationen, die sinnvoll jedoch nicht unbedingt sofort notwendig sind, finden Sie unter dem auf meiner Webseite **bolonka-zucht.de** integrierten Pfad:

- Bolonka Zwetna Zucht - Welpen - Empfehlungen für das Welpen-Starterpaket

*\*\*\**

*Schauen Sie sich auf dem Markt um. Es gibt Einiges, das für Ihren Kleinen interessant sein könnte!*

Lassen Sie sich von dem großen Angebot an Hunde-Zubehör inspirieren und lassen Sie ihrer Phantasie freien Lauf. Bei der Gestaltung des neuen Zuhauses Ihres Lieblings sind Ihnen keine Grenzen gesetzt. Dazu finden Sie vor allem auf der Seite www.schecker.de ein schier unübersichtliches Angebot unter dem firmeneigenen Motto

'Alles für den Hund'

*\*\*\**

## *Ernährung*

### *Die Bedeutung gesunder Ernährung*

Wenn es um die Gesunderhaltung eines Hundes geht, dann kommt der Ernährung allergrößte Bedeutung zu. Nicht nur bei uns Menschen ist es lebenswichtig und essentiell, was wir zu uns nehmen, sondern auch bei den Tieren.

*Weit verbreitet ist der Glaube, dass der Hund vom Wolf abstammt und daher immer und täglich Fleisch fressen* **müsse**.

\*\*\*

*Bolonka Zwetna Welpe, der weniger an einen Wolf erinnert, als eher an ein Kuscheltierchen, das keiner Fliege etwas zu Leide tun kann.*

\*\*\*

*Stammt der Hund vom Wolf ab?*

Dass der Hund vom Wolf abstammt, ist bis heute genauso wenig erwiesen wie die Theorie, der Mensch stamme vom Affen ab. Was allerdings erwiesen ist, ist Folgendes:

- Der Hund kam vor über 20.000 Jahren zum Menschen und schloss sich dem Menschen an – immer auf der Suche nach Nahrungsresten, die der Mensch übrig ließ.

*Was wurde gefüttert?*

In den seltensten Fällen wird der Mensch, in den Jahrtausenden der immer tiefer und enger gewordenen Freund- und Kameradschaft, das schwer zu erlangende und kostbare Fleisch den Hunden überlassen haben. Viel eher wird *das* übrig geblieben sein, was einfacher zu bekommen und nicht so wertvoll war wie das, was rar war:

- Getreide
- Gekochtes
- Brot
- Gemüse

In vielen Fällen wird das Essen, das die Hunde beim Menschen gefunden haben, gekocht gewesen sein.

\*\*\*

*Vielleicht haben die Hunde überhaupt nur ihren Weg zum Menschen gefunden, weil er kochen kann. Wissen wir es?*

\*\*\*

*Hunde in Freiheit*

Zudem gibt es keinen Fall von Straßenhunden in Zweit- und Drittländern dieser Welt, bei dem ein Hund - anstatt zu essen, was der Mensch übrig ließ und wegwarf - aus lauter Gier auf Fleisch die herumlaufenden Menschen anfiel; oder andere freilaufende Tiere fraß. Das tun Hunde nicht.

*Anders als der Wolf, der nie seinen Weg zum Menschen fand.*

*Braucht der Hund Fleisch?*

Es ist nicht abschließend geklärt, ob Hunde Fleisch- oder Allesfresser sind. Jedoch hat die Praxis erwiesen, dass man einen Hund sowohl vegetarisch, als auch vegan ernähren kann. Auch ohne Fleisch werden Hunde leben, überleben, nicht weniger alt werden und - bei vielseitiger Ernährung - ebenso gesund sein und bleiben, wie ein mit Fleisch gefütterter Hund.

*Meine persönliche Erfahrung ist jedoch:*

- Meine Bolonkas gieren förmlich nach Fleisch. Und wenn man den alten, ayurvedischen Grundsätzen folgt, die davon ausgehen, dass *die* Lebensmittel, nach denen ein Lebewesen giert bzw. nach denen der Körper verlangt, auch *die* Lebensmittel sind, die der Körper braucht, beantwortet sich die Frage nach der Fleischfütterung praktisch von selbst.

*Hundemama mit ihrem Welpen*

*Zusammensetzung naturnaher Ernährung für den Hund*

*Grundlegend sollte die Ernährung so gestaltet sein, wie seit tausenden von Jahren: Aus Selbstgekochtem.*

Dazu zählen

- Gemüse
- Getreide
- Nudeln
- Reis
- Fisch

Bei Fleisch stellt sich die Frage, in welchem Maße es gesund ist und - damit muss man sich heutzutage einfach auseinandersetzen - *in wie weit es ethisch noch vertretbar ist, dies auch zu füttern.*

Das Kapitel Ernährung in dem Bolonka Zwetna Ratgeber 'von der Empfindsamkeit der Hundeseele und der Liebe, die sie schenkt' beschreibt etwas ausführlicher, wie eine naturnahe, gesunde und abwechslungsreiche Kost für Ihren Liebling aussehen kann.

## *Ernährungs-Empfehlung Nassfutter*

*Was fressen Hunde?*

Die Diskussionen über die 'richtige' Ernährung und das 'richtige' Futter für Hunde überschlagen sich in Foren, Beiträgen, Facebookgruppen und auf Internetseiten.
Jeder Hersteller meint, das 'Richtige' entwickelt zu haben.
Jeder Hundehalter, -liebhaber oder -züchter, der seinen

Hund füttert oder gar als Unternehmer oder Subunternehmer Futtersorten vertreibt und daran verdient, meint das 'Richtige' anzubieten.

*Doch stimmt das?*

\*\*\*

*Schwarzbuch Tierfutter*

Schon in dem gut recherchierten Buch über die Tierfutterindustrie von Hans-Ulrich Grimm ist die Kette der Tierfuttermittel-Verarbeitung vom Eingang bis hin zum Verkauf so plastisch und nachvollziehbar geschildert, dass spätestens nach diesem Buch jedem klar ist, was wir ohnehin alle wissen: Futter aus der Dose kann nicht die Antwort auf eine ganzheitliche und ausgewogene Ernährung sein.

\*\*\*

***Wovon ich abraten kann:***
***Ausschließlich Futter aus der Dose!***

\*\*\*

Kein Elternteil würde auf die Idee kommen, sein Kind nur mit Dosengerichten großzuziehen.

Niemandem von uns würde es einfallen, ab heute nur noch denaturierte, konservierte und in Dosen eingeschweißte Nahrung zu sich zu nehmen, denn wir alle wissen instinktiv: *Das ist unnatürlich, was gleichbedeutend ist mit* **ungesund**.

*Doch: Welches Futter ist für Hunde geeignet?*

Hat man einen, vielleicht auch zwei oder mehrere Hunde daheim, stellt sich die Frage, warum überhaupt Futter aus der Dose in Betracht gezogen werden sollte, anstatt das Futter - insbesondere das Fleisch - nicht in Lebensmittelqualität und frisch zu füttern.

Zu empfehlen sind:

- Gehacktes vom Rind
- Lamm
- Kalb
- Kaninchen

*!!Von Geflügel rate ich persönlich ab!!*

- Vor allem bei Rohfütterung sollte man von Geflügel absehen.
- Geflügelknochen sollten wegen Splitterungsgefahr generell **nicht** gegeben werden.

\*\*\*

*Besondere Leckerbissen:*

- Rinderbeinscheiben

Diese kann man grob aus dem Fleisch herausschneiden, sodass ihr Liebling noch etwas zum Knabbern am Knochen hat. Das Innere der Beinscheibe enthält hochwertiges Mark, dass die Hunde lieben und lange damit beschäftigt sind, es herauszuschlabbern.

Was zusätzlich gegeben werden kann

- Gedünstete und geraspelte Möhrchen
- Kartoffeln
- Nudeln
- Reis
- **Käse**
- **Quark**
- **Hüttenkäse**
- Eier
- so gut wie jede Art von Gemüse
- Kräuter

***Achten Sie unbedingt
auf eine ausreichende Kalzium-Zufuhr!***

Zum Thema *Kräuter für Hunde* gibt es neben Kräuter zur Nahrungsergänzung auch Heilkräuter-Sachbücher für Hunde. Weitere Recherche zu diesem Thema kann ich sehr empfehlen.

Ab und an gebe ich sogar Samen, wie Sesam, über das Futter. Diese fressen und vertragen meine Bolonka Zwetnas gut.

\*\*\*

*Obst kann in Maßen gegeben werden, doch nicht als volle Mahlzeit, sondern eher als kleine Bissen zwischendurch oder geraspelt über das Futter.*

Zum Beispiel:

- Bananen
- Äpfel
- Birnen

*Wie viel Futter braucht ein Hund?*

Pauschal kann man sagen, zwischen 3 % und 5 % des Eigengewichtes des Hundes in Gramm macht den Tagesbedarf eines ausgewachsenen Hundes aus. Bei heranwachsenden, tragenden und säugenden Tieren kann diese Menge natürlich abweichen.

Manche Hunderassen, wie der Bolonka, sollte *gar nicht* im Futter limitiert werden, da sie eine natürliche Fressbremse haben. Vor allem solche Bolonkas, die sich im Wachstum befinden, sollte man unbedingt fressen lassen, soviel wie sie brauchen.

Wer gerne Frischfleisch in guter Qualität direkt für Hunde kaufen möchte, dem empfehle ich den Online-Anbieter

*das-tierhotel.de*

Hier gibt es unterschiedliche Sorten Fleisch, die tiefgefroren geliefert werden.

Der Vorteil: Es gibt ganze, fertige 'Menüs', in die schon Gemüse mit eingearbeitet ist, sowie unterschiedliche Fleischsorten, die es im freien Lebensmittel-Handel schwer zu erwerben gibt, wie zum Beispiel Pansen.

Das Frischfleisch wird unter anderem in 1000g-Tüten angeboten, das in 50-Gramm Portionen aufgeteilt ist, was die Fütterung enorm erleichtert.

*(Ich verdiene weder an Ihrer Bestellung, noch bekomme ich Prozente auf den Verkauf! Dies ist meine ganz persönliche, unabhängige Empfehlung und das, was ich selbst meinem gesamten Zuchtbestand füttere. Mit hervorragenden Ergebnissen!)*

## *Ernährungs-Empfehlung Trockenfutter*

*Welches Trockenfutter ist das Beste?*

**Gibt es überhaupt ein 'bestes' Trockenfutter?**

Meine Antwort ist: *Nein*

*Was ist der Unterschied zwischen den vielzähligen Trockenfutter-Sorten?*

Meiner Meinung nach ist der Unterschied auf nicht mehr - allerdings auch nicht weniger - als der Unterschied zwischen einzelnen Brotsorten, Kartoffelchips oder sonstigen Knabbereien zu reduzieren.

*Man kann also das Trockenfutter durchaus ab und an mal wechseln.*

\*\*\*

*Eine 'bunte Pfanne' für Mama und ihre Babies*

*Worauf ich achte*

Allerdings achte ich darauf, dass das Trockenfutter vor allem

- frei von Geflügel und Geflügelmehl

ist.

Sowohl in Züchter- als auch in Kundenkreisen habe ich immer wieder negative Rückmeldungen von geflügelhaltigem Trockenfutter bekommen, sodass ich diese Sorten meide.

*Ansonsten füttere ich sowohl vegetarisches, als auch vollwertiges Trockenfutter, das täglich als Beigabe bereitsteht!*

*Trockenfutter als Beigabe*

Neben der hochwertigen und vielseitigen Frischfütterung ist es zu empfehlen, dem Hund täglich ein kleines Schälchen Trockenfutter bereitzustellen.

- Trockenfutter allein jedoch - und zwar egal von welcher Marke - kann niemals eine vollwertige Ernährung ersetzen. Genauso wenig, wie eine rein auf getrockneten Nahrungsmitteln basierende Ernährung für den Menschen als gesund und vollwertig bezeichnet werden könnte.

*!! Nicht nur die Inhaltsstoffe, sondern auch die Verwertung der Nahrung und die Verdaulichkeit im Magen-Darm-Trakt spielen bei der Auswahl der Nahrungsmittel eine Rolle !!!*

Selbst wenn nun ein Trockenfutter vollwertige Inhaltsstoffe verheißt, so bedeutet das noch lange nicht, dass der Verdauungstrakt auf eine reine, trockene Ernährung langfristig ausgerichtet ist und diese gesundheitlich verträgt.

*Ausschließlich trockenes Futter ist unnatürlich*

Weder in freier Wildbahn, noch als Reste-Esser der Menschen hat der Hund jemals reine, trockene Nahrung zu sich genommen.

*Trockenfutter ist eine Erfindung der Neuzeit*

Ähnlich wie Astronauten-Nahrung. Auch in dieser sollen alle Inhaltsstoffe und Nährstoffe enthalten sein, doch würden *Sie* ab heute nichts anderes mehr essen und ihren Nächsten geben, als Astronautennahrung? - Natürlich nicht! Denn wir alle wissen instinktiv, dass künstlich hergestellte Nahrung langfristig nicht gesund sein kann, da diese Form der Ernährung unnatürlich ist.

Trockenfutter dient demnach
als reiner *Knabberspaß für zwischendurch.*

## *Ernährungs-Empfehlung Kauartikel*

Kauartikel sind für ausgewachsene Hunde - jedoch insbesondere für Welpen - sehr wichtig, da die kleinen Zähnchen dabei sind, durchzubrechen und die heranwachsenden Hunde dadurch einen vermehrten Drang haben, auf etwas herumzukauen.

Hier empfehle ich Kauartikel, die in jedem Fall

- naturbelassen und
- getrocknet sind.

Kauartikel wie zum Beispiel

- Pansen
- Rinderkaurollen pur
- Sprossen
- Rinderdörrfleisch
- Rinderhaut-Kaurollen mit Rindfleisch oder Fisch umwickelt

> *Schauen Sie sich auf dem Markt um.*
> *Es gibt einiges, das für Ihren Kleinen*
> *interessant sein könnte!*

Ansonsten lassen Sie sich von dem großen Angebot an Hunde-Kauartikeln inspirieren und lassen Sie ihrer Phantasie freien Lauf. Bei der vielfältigen Zusammenstellung des Futters Ihres Lieblings sind Ihnen keine Grenzen gesetzt.

Mehr Ideen finden Sie unter:

das-tierhotel.de
Schecker.de

## *Pflege*

Da die Pflege einiger Hunde, insbesondere den Langhaar-Rassen wie der meinen - sogar für mich als Hundefriseurin sehr aufwändig sein kann, habe ich diesem Thema eine Online Pflege Serie gewidmet, um allen Kleinhunde-Besitzern die Fellpflege ihrer Lieblinge so einfach wie möglich zu machen. Sie finden Sie bei Youtube unter

### *Bolonka Zwetna Pflege*

Auf folgende Themen wird in den Tutorien eingegangen

- Wie kämme ich einen Bolonka + Babyspecial
- Wie wasche ich einen Bolonka + Haar-Buch-Special
- Wie föhne ich einen Bolonka + Making Of
- Krallen kürzen und Äuglein freischneiden + Welpen-Special
- Frisieren, Schneiden, Scheren

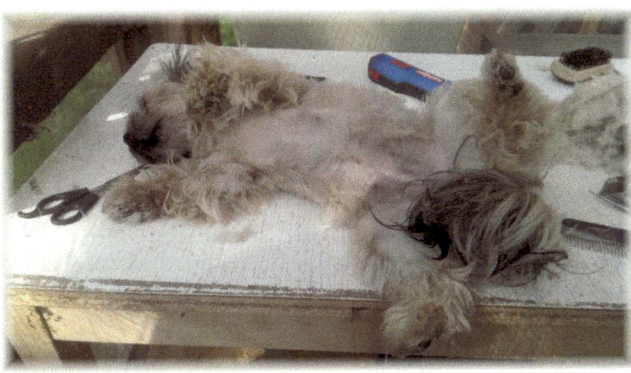

*Nicht alle Hunde sind auf dem Frisiertisch so entspannt wie Fee*

## *Hundeschule - ja oder nein*

Ist es sinnvoll, mit einem Hund - insbesondere mit einem Kleinhund - in eine Hundeschule zu gehen?

Mit großen Hunden, besonders mit solchen, die auch tatsächlich gefährlich werden können, wenn sie nicht eine klare Führung und Orientierung erhalten, sollten Sie in jedem Fall eine geeignete, auf Ihre ausgesuchte Rasse spezialisierte Hundeschule aufsuchen. Es sei denn, Sie sind so Hunde-erfahren, dass eine Hundeschule in Ihrem Fall nicht mehr notwendig ist.

Handelt es sich gar um Jagd- oder sonstige Diensthunde, sind Sie sicher sehr gut beraten, einen Fachmann zu Rate zu ziehen, der Ihnen zur Seite stehen kann.

*Doch wie sieht es mit kleinen Hunden aus?*

Prinzipiell ist alles sinnvoll, was *Ihnen* ein gutes Gefühl gibt, denn der emotionale Zustand des Menschen hat eine direkte Wirkung auf das Befinden des ihm nahestehenden Tieres. Somit wird sich Ihr Hund automatisch wohler fühlen, wenn es *Ihnen* gut geht.

\*\*\*

*Empfehlung des Experten*

Der auf Bolonkas spezialisierte Hundetrainer Martin Holler empfiehlt:

*'Warten Sie mit der Anmeldung in der Hundeschule! Überstürzen Sie nichts! Lassen Sie Ihr neues Familienmitglied erst einmal zu Hause ankommen, bevor Sie ihn zusätzlichen Einflüssen aussetzen.'*

Er führt aus, welcher Zeitraum hier angemessen erscheint:

*'Wichtig ist, erst einmal die persönliche Bindung zwischen Ihnen und dem Tier zu festigen. Nehmen Sie sich hierfür gut und gerne 6 Monate Zeit.'*

*Merke: Eine Hundeschule – ab sechs Monaten*

Ab dem 6. Monat bezeichnet man einen Hund als sogenannten Junghund.

Ab diesem Zeitpunkt kann ein Besuch in der Hundeschule sinnvoll sein. Der Charakter des Hundes und Ihre Beziehung zu ihm sollten zu diesem Zeitpunkt bereits gefestigter sein. Der Hund hat sich in der Regel bei Ihnen eingelebt und kann neue Lernaufgaben annehmen und diese auch bewältigen.

\*\*\*

*Bedenken Sie: Der Besuch einer Hundeschule stellt für Ihren Liebling immer auch eine Bewältigung dar!*

\*\*\*

*Welche Hundeschule für Ihre spezielle Hunderasse?*

*Sollten Sie das Bedürfnis verspüren, eine Hundeschule zu besuchen, dann suchen Sie sich eine, in der nicht alle Hunde 'über einen Kamm' geschoren werden.*

Kleinhunde sind keine Dobermänner, Bolonka-Rüden sind nicht zu vergleichen mit männlichen Vertretern etwaiger Jagd- oder Kampfhunderassen. Der Hundetrainer sollte wissen, dass jede Art sein eigenes Training und individuellen Umgang braucht.

Achten Sie bei Ihrer Suche auf

- eine Hundeschule mit individueller Betreuung.
- einen Trainer mit spezieller Erfahrung in der Ausbildung Ihrer Hunderasse.
- Ihr Bauchgefühl!

\*\*\*

\*\*\*

***

***

***

## *Zähne und Zahnwechsel*

*Zahnung wie beim Menschen*

Das kleine Hunde-Baby hat - genau wie wir - vorerst Milchzähnchen. Es sind die ersten Zähne, die nach der Geburt wachsen und nach einem gewissen Zeitraum ausfallen. Dieser Zeitraum kann von Hund zu Hund ganz unterschiedlich sein.

### *Der Zahnwechsel*
### *kann bis zum zweiten Lebensjahr dauern!*

*Ein Hund kann bis weit nach dem ersten Lebensjahr seine Weißheits-Zähnchen verlieren.*

Es ist ganz normal, dass ein Welpe seine Milchzähnchen manchmal bis weit nach dem ersten Lebensjahr hat, bevor sie ausfallen. Steht kein Zahn einem anderen im Weg und stört das Weißheits-Zähnchen auch nicht beim Fressen, besteht *keine Notwendigkeit, einzugreifen!*

### *!!! Keine voreiligen Operationen !!!*

Viele Tierärzte wollen unbedarften Hundebesitzern schon vor dem 1. Lebensjahr eine Zahnoperation verkaufen, die angeblich aus purer Notwendigkeit unumgänglich sein soll.

### *!!! Das ist vollkommener Quatsch !!!*

*Vor dem ersten Lebensjahr sollte nicht einmal darüber nachgedacht werden, einen Hund – und schon gar keinen Kleinhund – auf den Operationstisch zu legen!!!*

**Beherzigen Sie bitte den Grundsatz:**

*Keine operativen Eingriffe vor dem ersten Lebensjahr*

\*\*\*

Manche Züchter unterziehen ihren Nachzuchten Operationen, nicht etwa, weil die Hunde sonst gesundheitliche Nachteile hätten, sondern aus rein kosmetischen Gründen.

***Zahnstellung Schere - nicht immer das, was es scheint!***

Um die Zahnstellung zu korrigieren, lassen sich sowohl Züchter, als auch Tierärzte viel einfallen und die Bandbreite kosmetischer Eingriffe ist heutzutage groß.

*Eine korrigierte Zahnstellung auf Grund operativer Eingriffe bedeutet jedoch nicht, dass die kosmetisch und künstlich hergestellte Zahnstellung, und möge sie noch so perfekt aussehen, auch vererbt wird!*

In den *aller seltensten Fällen* ist es aus rein gesundheitlichen Gründen tatsächlich notwendig, operativ eine Zahnstellung zu korrigieren. Normalerweise wird sich ein Hund weder in den Gaumen noch in die Nase beißen, nur weil die Weißheits-Zähne nicht sofort ausfallen.

*Nur absolute und extrem seltene Ausnahmen bestätigen hier die Regel!*

***

## *Manuelle Unterstützung des Zahnwechsels*

Wollen Sie den Zahnwechsel Ihres Lieblings unterstützen? Dann gehen Sie vor, wie bei einem Kind - oder eben so, wie Sie es früher selbst praktiziert haben:

> **Wackeln Sie täglich an dem Zähnchen,**
> **das ausfallen soll.**

Das unterstützt die Lockerung der Zahnwurzel und erleichtert das Ausfallen der Milchzähnchen ungemein.

*Was Sie sonst noch tun können*

**Calcium Phosphoricum D6** pur oder enthalten in dem homöopathischen Komplex-Präparat zur Unterstützung der Zahnung: **OSANIT** Zahnkügelchen

In der *Heilfibel des Tierarztes*:

> Unsere Hunde – gesund durch Homöopathie
> von Hans Günther Wolff

steht zum verspäteten Ausfall der Milchzähnchen:

*Stellen sich die bleibenden Zähne noch vor dem Ausfall des Milchgebisses ein, so dass beide Arten nebeneinander zu finden sind, besonders die Hakenzähne, sollte man* Calcium Phosphoricum D6, *4 mal täglich, 1 Monat lang geben.*
*Dieses Mittel reguliert wunderbarerweise Wachstumsstörungen der Zähne, indem die Milchzähne von allein ausfallen und nicht extrahiert werden müssen.*

Haben Sie Geduld und geben Sie Ihrem Hund Zeit!

*Zeit ist oftmals ein guter Ratgeber*
*und Geduld die beste Medizin!*

**Eine Operation zur Begradigung der Zähne ist nichts anderes als eine kosmetische Operation.**

\*\*\*

Natürlich darf jeder selbst entscheiden, was er tut, doch ich persönlich lehne aus heilpraktischen, ethischen und gesundheits-physiologischen Gründen persönlich alle Arten der kosmetischen Operationen bei Tieren ab.

## *Impfen - eine Alternative*

*Impfen - Schaden oder Nutzen*

Impfen Heute

Impfen ist ein Thema, das auf der einen Seite zwar viel Heil, auf der anderen Seite aber auch viel Schaden gebracht hat. Anders, als noch vor einigen Jahrzehnten, weiß man heute, dass beträchtliche und nachhaltige Schäden durch das Impfen zustande kommen können.

*Tierärzte gegen den Impf-Wahnsinn*

*Mittlerweile treten sogar Tierärzte dafür ein, die Tiere nicht mehr jedes Jahr erneut impfen zu lassen.*

Sie weisen auf die sogenannten 'Impf-Titer' im Blut hin, die nachweisen, wie viel des jeweiligen Impfstoffes sich noch im Körper des Tieres befindet.

**Auch Menschen lassen sich nicht jedes Jahr erneut gegen Tollwut, Hepatitis oder Wundstarrkrampf impfen.**

Vielleicht haben wir als Kind *einmal* eine Impfung bekommen - ich selbst erinnere mich noch an eine Schluckimpfung in der Schule - wurde danach aber nie wieder erneut geimpft.

*Warum impfen wir also unsere Tiere jedes Jahr wieder?*

*Mögliche Folgen von Impfungen können*

- chronische Erkrankungen
- neurologische Schäden
- Allergien
- Überempfindlichkeiten

sein. Aber auch Störungen wie

- Autismus
- Epilepsie
- Gehirnschäden
- Hyperaktivität und
- generelle Labilität

können erfahrungsgemäß durchaus auftreten.

\*\*\*

*Gibt es eine Alternative zum Impfen?*

– Ja, die gibt es!

*Impfen ohne Nebenwirkungen*

***Impf-Nosoden***

*die homöopathische Alternative zur schulmedizinischen Impfung*

Impf-Nosoden werden der klassischen Homöopathie zugeordnet.

Nosoden führen dem Körper – ebenso wie eine Impfung – den entsprechenden Erreger zu, damit dieser die passenden

Abwehrstoffe bilden kann. Nur sind Nosoden - darum werden sie der Homöopathie zugeordnet - so hoch verdünnt, dass der Körper die Information der jeweiligen Krankheit erhält, ohne jedoch die volle Dosis des Erregers und aller Zusatzstoffe, die eine schulmedizinische Impfung enthält, abbekommt.

*Bisher sind keine Nebenwirkungen bei Impf-Nosoden bekannt.*

*Wie Sie Ihren Hund selber impfen*

Unter dem Link:

www.remedia-homoepathie.de

finden Sie alle Nosoden zu den entsprechenden, heute gängigen, geimpften Krankheiten und können so Ihren Liebling selber immunisieren. Geben Sie einfach die Krankheit, gegen die Sie impfen möchten, in das Suchfeld oben auf der Seite ein. So wird Ihnen die dafür passende Nosode in Globuli oder flüssiger Form und der entsprechenden Potenz angezeigt.

*Dosis, Gabe und Potenz*

Die empfohlene Potenz für Impf-Nosoden ist in der Regel die
- C 200

Diese wird wie folgt verabreicht

- 3 Tage hintereinander
- jeweils 3 Globuli
- im Abstand von 6 Monaten

*Am Spielplatz im Hundepark*

## *Zur Züchterin*

*Antonia Katharina Tessnow*

Ich wohne alleine im Alten Jagdhaus am Rande der Mecklenburgischen Schweiz, habe keine Familie und lebe mit meinen Seelengefährten, den Tieren, in größerem Einklang und tieferem Frieden, als ich es je mit Menschen tat.

*Ein Leben ohne Tiere ist für mich unvorstellbar*

Darum habe ich mich vor einigen Jahren dazu entschlossen, den Tieren mein Leben zu widmen. So entstand die Bolonka Zwetna Hunde-Zucht aus dem Alten Jagdhaus

Meine Bolonkas ermöglichen mir ein Leben mit ihnen im Alten Jagdhaus, und ich ermögliche ihnen im Gegenzug ein Leben in (fast) freier Natur.

Ursprünglich komme ich aus der Reiterei, war jahrelang Berufsreiterin und zum Ende meiner reiterlichen Laufbahn 6 Jahre lang Landesverbandstrainerin im Modernen Fünfkampf, ansässig im Olympiastadion Berlin. Neben meiner Tätigkeit als Ausbilderin für Pferd und Nachwuchs studierte ich unter anderem *Tierheilpraktik* an der Winkels-Akademie Berlin.

Jahre später absolvierte ich eine Ausbildung zur Hundefriseurin.

Als mir klar wurde, dass der kleine, verspielte Zarenhund aufwändiger und fachmännischer Pflege bedarf, war für mich eine Weiterbildung zu diesem Thema unumgänglich.

*Sie finden beide Themen, die Tierheilpraktik als auch die Bolonka Zwetna Pflege, auf der Webseite bolonka-zucht.de ausführlich beschrieben.*

## Kommunikation – der Schlüssel zu wahrem Verständnis

Im Zusammenleben mit meinen Hunden lege ich größten Wert auf eine wirkliche und echte Verbindung. Die Tierkommunikation, die ich in dem Büchlein *Kommunikation mit Tieren* versucht habe, dem Leser und allen Interessierten näher zu bringen, ist eine große Hilfe zu tieferem Verständnis und echter Kontaktaufnahme.

*Diese Art der Kommunikation erfordert weniger technische Schulungen, als ein offenes Herz und die Bereitschaft, das Tier an unserer Seite als echten Seelengefährten zu erkennen.*

### Die Tiere - meine Gefährten

Die Tiere empfand ich seit je her dem Menschen ebenbürtig. Nie habe ich verstanden, warum der Mensch in der Wertigkeit über den Tieren stehen soll, ja, dass der Mensch sich als die Krone der Schöpfung versteht, zu der er sich einst selbst erklärte.

*Denn: Tiere sind lebendige Seelen, genau wie wir.*

Sie fühlen und empfinden ebenso einzigartig, ebenso unverwechselbar, wie die unterschiedlichen Menschen.

### Jedes Tier ist einzigartig

Kein Tier ist mit einem anderen zu vergleichen, nicht einmal solche der selben Rasse. So wenig, wie ein Mensch dem anderen gleicht, so wenig gleicht ein Hund dem anderen, so wenig ist eine Seele, ein einzigartiges Wesen, durch ein anderes ersetzbar und einem anderen völlig gleich.

*Die Zucht – kein Beruf, sondern ein Lebensstil*

Da das Züchten von Hunden meine ganze Aufmerksamkeit und Zeit fordert, ist dies für mich nicht nur ein Beruf, sondern mein Leben. Und ebenso, wie ich *mein* Leben alternativ und ganzheitlich gestalte, so gestalte ich auch das meiner Hunde alternativ und ganzheitlich, indem sie entsprechend betreut, ernährt und gepflegt werden.

Bei weiterem Interesse nehmen Sie sich Zeit und schauen Sie sich auf der Seite bolonka-zucht.de in Ruhe um, die einen kleinen Einblick in die Hundezucht aus dem Alten Jagdhaus gewährt, die meine große Liebe ist.

\*\*\*

*Das Alte Jagdhaus*

\*\*\*

Nun wünsche ich Ihnen viel Freude bei der Suche und dem Finden Ihres neuen Begleiters, der immer auch ein Familienmitglied sein sollte, mit Anschluss an einen Menschen mit einem offenen Herz, das für ihn bereit ist.

Lassen Sie sich Zeit und überlegen Sie gut, doch nicht zu lange, denn jeder Tag ohne einen Hund im Leben ist wie ein verlorener Tag. Oder um es mit den Worten von Heinz Rühmann zu beschreiben:

*Man kann ohne Hund leben,*
*aber es lohnt sich nicht.*

Diese Worte kann ich vollends unterstreichen. Wer je ein Tier hatte und dessen vorbehaltlose Liebe und treue Ergebenheit erlebte, weiß genau, wovon hier die Rede ist.

Und allen, die solch eine Erfahrung noch nicht machen konnten, wünsche ich, dass sie tief berührt werden von diesen wundervollen Geschöpfen, die wertvollsten Geschenke, welche der Mensch mit auf seinen Lebensweg bekam.

In der Liebe dieser Tiere liegt eine unglaubliche Heilkraft. Hunde sind ein Geschenk der Schöpfung an uns Menschen, und ich glaube, dass wir die hingebungsvolle Liebe dieser Tiere brauchen, weil sie uns unterstützt, uns tröstet und uns hilft, unser Schicksal zu bewältigen und zu leben auf dieser Welt.

*Möge der helle Stern einer Hundeseele in Ihrem Leben erstrahlen.*

Antonia Katharina Tessnow
Altes Jagdhaus
Juli 2019

## *Bolonka Zwetna -*
## *der Zarenhund aus Russland*

Der Bolonka Zwetna, zu deutsch buntes Schoßhündchen, gilt als sogenannter Zarenhund aus Russland. Diese Tiere sind ursprünglich für den Hochadel der Zarenhäuser gezüchtet; klein genug, um problemlos herumgetragen zu werden, hübsch anzusehen, freundlich im Wesen, dem Menschen liebend zugewandt, nicht-haarend und nicht -riechend.

*Ein Schoßhund mit Kuschelgarantie*

Zuchtziel ist es, seit fast 100 Jahren, einen Schoßhund zu schaffen, der den Kontakt zu Menschen sucht und braucht. Diese Tiere lieben Menschen über alles. Sie sind perfekt geschaffen für jeden Arm, der sie hält, beschmust und streichelt.

Bolonkas sind ideal für all diejenigen, die viel zu Hause sind bzw. solch ein kleines Tier überall mit hinnehmen können. Denn die kleinen Zarenhunde sind der Inbegriff

des Mottos:
*'Dabei sein ist Alles!'*

Ob Alleinstehende, Junge oder Ältere, Familien oder Wohngemeinschaften, diese kleinen Tierchen bereichern jedes Leben.

*Bücher, Informationen und weiterführende Lektüre*

Weitere und ausführlichere Informationen rund um das kleine Zarenhündchen finden Sie unter anderem in dem Ratgeber

*Bolonka Zwetna -*
*von der Empfindsamkeit der Hundeseele*
*und der Liebe, die sie schenkt*

Schauen Sie einfach auf der Seite *bolonka-zucht.de* unter *Books and More* wo es über die Bücher

- *Kommunikation mit Tieren*
- *Die Botschaft der Tiere*
- *Der Hund - Das unbekannte Wesen - ein Leitfaden zur Eingewöhnung des Hundes in ein neues Heim*
- *Heilbehandlungen für Dich und Dein geliebtes Tier*

bis hin zu

- *Kalendern* und
- *Terminplanern*

alles rund um Hunde, speziell den Bolonka, gibt, was das Menschenherz sich wünscht.

Ich wünsche immer und allseits viel Freude und Erheiterung mit diesen liebevollen Hunden, die so schnell und unbemerkt unsere Herzen erobern.

## *Charakter*

Der liebevolle Zarenhund ist nicht ohne Grund in die Gruppe der Gesellschafts- und Begleithunde eingeordnet worden. Er zählt zu den Bichons.

*Bichon - zu deutsch: Schoßhund*

Neben unterschiedlichen Kleinhunderassen zählt auch der Bolonka Zwetna zu den Schoßhunden. Und wie der Name schon verrät: Die Bolonkas sind

- anhänglich
- dem Menschen zugewandt
- Kinderlieb

*Bolonka - ideal für Familien und Alleinstehende*

Der Bolonka ist zudem

- ein idealer Seelenbegleiter
- umgänglich
- anspruchslos

Der kleine Zarenhund braucht keinen Palast, sondern spendet Wärme, wo immer er auftaucht, sowohl körperliche, als auch seelische und Herzenswärme.

*Auch die kleinste Wohnung wird zum Bolonka-Paradies, wenn der kleine Zarenhund immer dabei sein darf und geliebt wird.*

*Charakter ist immer einmalig*

So wie bei Menschen, ist auch der Charakter eines jeden Bolonkas einmalig und unvergleichbar. Alle Vertreter dieser Rasse weisen zwar die selben Rassemerkmale auf, sind jedoch in ihrem Wesen ebenso unverwechselbar, wie alle anderen Wesen dieser Welt auch.

\*\*\*

\*\*\*

While the world drives you crazy
there is someone
waiting impatiently for you at home ...

... ready to heal you
and to make you happy.

## *Zur Autorin:*

Antonia Katharina, geboren 1975 in Berlin, absolvierte nach Beenden der Schule ihren Highschool-Abschluss in den USA. Nach einem einjährigen USA-Aufenthalt kehrte sie nach Deutschland zurück und arbeitete viele Jahre hauptberuflich als Berufsreiterin. Mit 22 wechselte sie in einen Sportstall nach Schleswig-Holstein, in dem sie sich auf die Dressur spezialisierte und Pferde aller Klassen trainierte und ausbildete. Mit 28 wechselte sie ins Berliner Olympiastadion und arbeitete dort 6 Jahre als Landesverbandstrainerin des modernen Fünfkampfes in der Disziplin Springreiten. Berufsbegleitend studierte sie Heilpraktik, Tierheilpraktik und ganzheitliche Psychologie und besuchte eine dreijährige Fortbildung am Institut für Emotionale Prozessarbeit.

Mitte 30 verließ sie den Reitsport, ging an eine Uniklinik nach Sri Lanka und erwarb dort ihre internationale Heilerlaubnis. Im Zuge außerordentlicher Leistungen wurden ihr Doktorate in Homöopathie und Akupunktur verliehen. Es folgten 3 Jahre, in denen sie zwischen Indien und den USA hin- und herpendelte, psychoenergetische Sitzungen leitete und sich weiterbildete.

Antonia Katharina Tessnow ist Doctor of holistic Medicine und Psychology, hat sich umfassend mit alternativen Heilweisen befasst, wozu auch der therapeutische Einsatz von Musik gehört. Des weiteren besuchte sie Kurse von dem führenden Reinkarnationstherapeuten Trutz Hardo. Im Laufe ihres 3-Jährigen Indienaufenthaltes spezialisierte sie sich auf psychoenergetische und musikalische Heilarbeit, Reinkarnationstherapie und Pflanzenheilkunde.

Seit 2009 lebt sie wieder in Deutschland und widmet sich seitdem nicht nur ihrer künstlerischen, heilpraktischen und schriftstellerischen Arbeit, sondern setzt sich auch intensiv mit dem Thema Hunde auseinander - vorrangig der Rasse Bolonka Zwetna.

Neben dem Schreiben von Büchern und ihrer tierheilpraktischen und -therapeutischen Arbeit, die sie seitdem weiter vertiefte, absolvierte sie eine Zusatzausbildung zur Hundefriseurin und besuchte diverse Weiterbildungen zum Thema Haltung, Zucht und Tierkunde.

Heute lebt Antonia Katharina am Rande eines Dorfes in Mecklenburg-Vorpommern und betreibt die kleine Rassehundezucht der 'Zarenhunde aus dem Alten Jagdhaus'.

\*\*\*

### *Webseite der Autorin:*

www.antonia-katharina.de

### *Webseite der Hundezucht 'aus dem Alten Jagdhaus':*

www.bolonka-zucht.de

### *Webseite der Fotographie:*

www.light-in-time.com

### *Webseite von Tattoo Spirit:*

www.tattoo-spirit.com

\*\*\*

***

***

\*\*\*

Antonia Katharina Tessnow
Bolonka Zwetna aus dem Alten Jagdhaus

Grausamkeit gegen Tiere kann weder bei wahrer Bildung noch wahrer Gelehrsamkeit bestehen. Sie ist eines der kennzeichnendsten Laster eines niederen und unedlen Volkes. Alexander von Humbold

\*\*\*

## *Eine Bitte zum Wohle von uns allen*

Am 26. Juli 2019 las ich das erste Mal gleich mehrere Artikel zum Thema 'Abschaffung von Hunden und Katzen', die im Internet kursierten und relativ aktuell publiziert wurden unter Titeln wie diesem:

*Klimawahn jetzt gegen Hunde:*
*Aktivistin fordert „die Köter abzuschaffen"*

Ja - sie haben richtig gelesen: Politiker und Klimaaktivisten fordern seit Kurzem die Abschaffung von Hunden und Katzen als Haustiere. Wegen der Ökobilanz. Und - nein: Es ist kein Witz. Doch lesen Sie selbst:

*"Durchgeknallt:*
*Klimawahn jetzt gegen Hunde:*
*Aktivistin fordert „die Köter abzuschaffen"*

*Von David Berger*

*19. Juli 2019*

*(David Berger) Nach dem Kinderkriegen, das das Klima angeblich zu sehr belastet, sind nun die Haustiere dran, besonders natürlich die Hunde: „Lasst uns die Köter abschaffen!", fordert Katharina Schwirkus, Redakteurin der linken Zeitung „Neues Deutschland".*
*Dass unter dem Motto „Klimarettung" so ziemlich alles, was bisher unser Leben wertvoll machte – vom Fleischessen über den Stromverbrauch und das Kinderkriegen bis zum unkomplizierten In-die-Sonne-Fliegen – in Zukunft von den Linksgrünen als unmoralisch gebrandmarkt wurde, um es so langsam zu verbieten, ist bekannt.*

### *Langfristiges Verbot der Hundezucht*

*Ein Bereich, der bisher vom Klimawahn verschont blieb, waren die Haustiere. Das holt Katharina Schwirkus in einem Artikel für das „Neue Deutschland" nach: Sie fordert die Leser dazu auf, sich dem Klima zuliebe weder einen Hund, noch Katze anschaffen. Tierfutter (aus Fleisch!) soll mit besonders hohen Ökosteuern belastet werden. Langfristig „sollte die Züchtung der Vierbeiner eingestellt werden":*
*„Neben ihren ekelhaften Ausscheidungen sind die Haustiere auch schlecht für das Klima. Denn sie fressen Fleisch und tragen damit zum Ausstoß von Kohlenstoffdioxid bei. Die Ökobilanz eines Hundes entspricht einer jährlichen Autofahrleistung von 3700 Kilometern, die einer Katze 1400 jährlichen Fahrkilometern."*

### *Kinder sollen lernen, dass Hundebesitzer uns schaden*

*Auch die Verpackung für Tierfutter und die Hundekotbeutel aus Kunststoff würden das Klima unnötig belasten.*
*Haustierunfreundlichkeit sollte bereits den Kleinsten beigebracht werden: „Unabhängig davon, ob man es schafft, Katzen und Köter aus Großstädten zu verbannen, muss das romantische Bild von Haustieren endlich dekonstruiert werden. Kindern sollte schon in jungen Jahren klar gemacht werden, dass es absolut egoistisch ist, in einer Stadt einen Hund oder eine Katze zu halten. Das Thema könnte von den »Fridays For Future«-Aktivist\*innen aufgenommen werden. Zehn- bis 18-jährige Schüler\*innen, die eine Anhebung der Hundesteuer fordern, würden damit zeigen, wie ernst es ihnen mit dem Umweltschutz ist."*

### *AfD-Wähler und Hunde: „Wir müssen draußen bleiben!"*

*Auch eine gesamtgesellschaftliche Ächtung von Hundebesitzern sollte sich durchsetzen: Nicht nur AfD-Mitglieder, auch Hunde soll in Zukunft der Zutritt zu Restaurants etc. grundsätzlich verweigert werden.*
*Ironische Szenario, das sich über den Ökowahn lustig machen will? Ernsthafter Vorschlag? In den Zeiten der Relotius-Journalistik verschwimmen die Grenzen zwischen seriösem Kommentar und Satire immer mehr. Vor wenigen Jahren hätte man so etwas jedenfalls noch für eine Satire gehalten, inzwischen ist es in dem Irrenhaus, das wir uns eingerichtet haben, bitterer Ernst.*

*Und es bleibt abzuwarten, wann die Ökodiktatoren die ersten Gesetzentwürfe dazu einbringen."*

*veröffentlicht auf der Plattform philosophia-perennis.de*

\*\*\*

Weitere Artikel zu diesem Thema finden Sie unter anderem auf spiegel.de, tagesschau.de und weiteren Plattformen, die zu diesem Thema über die Suchmaschinen gelistet sind.
Im gleichen Atmenzug posteten User folgenden Artikel von der Plattform spiegel.de, der zwar schon länger im Netz ist, jedoch den selben Schluss zieht:

\*\*\*

**"Achilles' VerseHunde raus!**

*Wer in der Großstadt wohnt, darf getrost eine Viertelstunde Kotpuffer in seinem Terminkalender vermerken, moniert Wunderläufer Achim Achilles. Hunde mögen treue Begleiter sein - für die Stadt sind sie nicht geschaffen.*

*DPA*

## *Spaziergang mit Hund:*
## *Die Stadt ist nicht immer die beste Umgebung für Hunde*

*Mittwoch, 08.10.2014 09:08 Uhr*

*Pflatsch. Jeden Sonntagmorgen das gleiche warme, weiche Gefühl um den Fuß. Leider bin ich spät dran. Leider bin ich im Wald verabredet. Leider brauche ich das Auto. Leider klebt ein Pfund frischer Hundehaufen im komplexen Profil meines Laufschuhs. Leider wird die organische Klebe im Autoteppich haften bleiben oder sich in die Rillen des Bremspedals massieren. Leider muss ich deswegen den Schuh ausziehen und einbeinig in den zweiten Stock hüpfen, um entweder in der Badewanne den frischen Mist abzukärchern oder andere Schuhe anziehen, was bedeutet, dass ich in zwei Stunden den getrockneten Dreck umso schwerer aus der Sohle bekomme.*

*Ja, wir alle wissen: Hund ist gesund, gibt Wärme, Nähe und ignoriert geduldig die vielen widersprüchlichen Kommandos, die Frauchen in vielen Stunden Hundeschule aufgeschnappt hat und nun nach dem Zufallsprinzip durch die einsame Straßenschlucht bellt. Ein Hund ist treuer und sanfter als die meisten Ehepartner und redet auch nicht so viel - unbestrittene Pluspunkte.*

*Sicher helfen Therapiehunde bei der Krisenintervention und im Alltag jenen Zeitgenossen, die gern Kommandos geben und Gehorsam erwarten. Wladimir Putin hat einen Hund, Barak Obama, aber leider auch viel zu viele Berliner. Wäre es für alle nicht ein Experiment wert, das Zusammenleben mit echten Menschen zu versuchen anstatt mit einem vierbeinigen Dummerchen, das weder den Kühlschrank öffnen noch ein WC benutzen kann?*

### *Die Hunde können nichts dafür*

*Wer in der Großstadt wohnt, Berlin zumal, darf getrost eine Viertelstunde Kotpuffer in seinem Terminkalender vermerken. Gerade unser Hauseingang mit der retrieverhohen Sichtschutzhecke bietet ein ideales Hundeklo. Auch das Tier macht ja lieber in der stille Ecke als aufm Platz. Der Hintermänner wird man allerdings kaum habhaft, weil sie sich im frühen Morgennebel heranschleichen. Sie sind der bösen Blicke satt von Menschen ohne Hundehintergrund, die froh sind, dass sich dieser bitter-muffige Geruch verwester Innereien endlich aus den Atemwegen verzogen hat.*

*Profis tarnen sich mit einer kleinen grünen Tüte, offensiv an die Leine geknotet. Leider schon seit zwei Jahren. Der Beutel soll dem Laien signalisieren, dass der Leinenhalter die Haufen natürlich aufsammelt. Aber die Tüte ist nur für inflagranti-Situationen gedacht, die selten sind in der Dämmerung. So bleibt die Tüte sauber. Unser Hauseingang leider nicht.*

*Nein, ich bin kein Tierfeind. Aber man muss kein Evolutionsbiologe sein, um zu ahnen, dass die Gene des Hundes seit einigen tausend Jahren für frische Luft, Wald und Wiesen ausgelegt sind. Asphalt, überheizte Zweirauwohnungen und Supermarktregale voller Konservendosen hatte der Schöpfer nicht voraussehen können, als er dem Menschen ein Tier schenkte, das dumm genug war, fortan ziemlich bester Freund sein zu wollen. Die Katze, wenn es sich nicht gerade um Garfield handelt, ist dagegen ihrer kratzbürstigen Natur treu geblieben; sie streunt bis heute leinenlos umher, kratzt gern mal und jagt ihr Futter selbst.*

*Ein Hund ist in der Stadt so segensreich wie ein SUV: zu groß, zu laut, zu teuer."*

Auch wenn dieser Artikel sehr verallgemeinert ist und es eine haltlose Unterstellung ist, 'wir' Hundebesitzer würden uns einfach nur mit Kotbeuteln 'tarnen', so möchte ich an dieser Stelle und vor diesem Hintergrund trotzdem noch einmal unsere Verantwortung als Hundebesitzer hervorheben, die wir nicht nur unseren Tieren, sondern auch unseren Mitmenschen gegenüber haben. Vor allem im Bezuge auf die Sauberkeit unserer Straßen, der Gehsteige und Fußgängerzonen, ja - im Bezuge auf alle öffentlich, den Menschen zugänglichen Orten.

Die Hinterlassenschaften unserer Tiere bieten oftmals Anlass zu großem Ärger, vor allem, wenn diese unter dem Schuh oder sogar an der Kleidung wiederzufinden sind, stinken, Ekel erregen und in manch einem Fall viel Aufwand bedeuten: Da müssen die Schuhe vor dem wichtigen Termin gewechselt werden, oder in mühseliger, aufwendiger Manier die Sohlen unter irgendeinem Wasserhahn gereinigt werden, eventuell die Kleidung abgewaschen, oder wenn möglich ebenfalls gewechselt werden. Sogar ich habe das erlebt, auch wenn es lange her ist.

Solche Situationen wie die in dem Artikel beschriebenen schüren natürlich Hass - der am Ende nicht selten unsere Tiere trifft.

Ist das den Betroffenen zu verdenken? Natürlich nicht! Denn der gesunde Menschenverstand sagt in stillen Momenten, die Tiere können ja gar nichts dafür; lediglich ihre Halter sind zur Verantwortung zu ziehen! Doch wie klar ist der Verstand, übernimmt einmal die Wut, nachdem ein Schaden entstand, der mit Fäkalien und Gestank zu tun hat?

Am Ende stehen dann Politiker und Klimaaktivisten, denen sich schnell und gern jeder Hundegegner anschließt, um diesem unleidlichen Problem auf diese Weise ein Ende zu setzen. Denn Hundedreck auf den Straßen geht gar nicht!

Diese Menschen haben in so fern Recht, als dass es einfach

'gar nicht geht', Hundedreck auf öffentlich begehbaren Arealen zu hinterlassen.

Darum meine dringende Bitte an Sie: Zu unser aller Wohl, dem Wohl der Hunde, der Halter und all unserer Mitmenschen - ob Hundeliebhaber oder nicht -

*Beseitigen Sie auf allen öffentlich zugänglichen Arealen die Hinterlassenschaften Ihres Hundes!* ***Und zwar in die entsprechenden Behälter für Müll!***

*Sollten Sie im Wald oder in freier Natur spazieren gehen, dann lassen Sie lieber alles liegen, als dass Sie es in Plastik verpacken und in der Natur entsorgen!*

***Eine Alternative zu Plasik-Beuteln: Küchentücher***

Es gibt Küchentücher, mit denen man hervorragend auch Feuchtes aufwischen kann, ohne sich selbst zu beschmutzen. Ein paar habe ich immer zusammengefaltet auf Vorrat in meiner Tasche. Gerade bei kleinen Hunderassen reichen diese vollkommen aus, um auch in der Öffentlichkeit für Sauberkeit zu sorgen und dabei lediglich abbaubaren Müll und nicht einmal Plasik-Müll zu produzieren.

Tragen sie nicht dazu bei, dass Menschen wie solche Politiker - und sie werden erste Gesetzesentwürfe einreichen, seien sie sich sicher - eine Grundlage haben, auf der sie argumentieren können und für die sie auch noch Anhänger finden; nämlich all die verärgerten und geschädigten Menschen, deren Abneigung schwer zu revidieren ist, wenn sie einmal wirklich schlechte Erfahrungen mit Hunden diesbezüglich gemacht haben.

*Weitere Bücher von Antonia Katharina Tessnow*

# Der Hund -
# Das unbekannte Wesen

## Was Sie tun können,
## damit Ihr Hunde Sie liebt

*Ein Leitfaden zur Eingewöhnung
des Hundes in ein neues Heim*

Nach langjähriger Erfahrung als Hundezüchterin, Hundefriseurin, Youtuberin und Autorin sind mir viele Menschen und noch mehr Fragen begegnet, aus denen dieser Ratgeber entstand.

Nach bestem Wissen und Gewissen habe ich viele Antworten auf die mir begegneten Fragen sowie meine Erfahrungen und Erkenntnisse aufgeschrieben - *für Menschen wie Sie*. Für Menschen, die sich wagen, das große Abenteuer einzugehen, einer Hundeseele ihr Herz zu öffnen.

So hoffe ich inständig, dass ich Ihnen mit diesem Büchlein helfen kann, das Richtige zu tun, eine gute Fühlung zu Ihrem neuen Begleiter aufzunehmen und einen Beitrag zu mehr Verständnis zwischen der Menschen- und der Tierwelt leisten zu können. Meine tiefste Sehnsucht ist eine friedliche und tier-liebende Welt, in der wir Menschen unserer Verantwortung den Tieren und der Natur gegenüber gerecht werden, die uns in diesem einen, wohl wichtigsten Leitsatz überliefert ist:

'Seid niemandem etwas schuldig, außer, dass ihr euch untereinander liebet. Denn wer den anderen liebt, der hat das Gesetz erfüllt.'

aus dem Römerbriefen 8, 13

# Heilbehandlungen für Dich und Dein geliebtes Tier

*Erinnere Dich
an Deine verborgenen Fähigkeiten*

Heilende Fähigkeiten wohnen in uns allen. Nicht nur in wenigen Auserwählten, sondern auch in Dir. Dieses Buch ist eine Erinnerung an all das, was Du kannst. Es beschreibt unterschiedliche Möglichkeiten, wie Du Deine heilenden Fähigkeiten nutzen und in Form von Heilbehandlungen einsetzen kannst - zum höchsten Wohle von Dir, Deinem geliebten Tier und Deinem geliebten Nächsten.

Antonia Katharina Tessnow studierte ganzheitliche Naturheilmedizin für Mensch und Tier, erlangte ihre internationale Heilerlaubnis an der int. Universität in Colombo und ist Doctor of Acupuncture und Homeopathy des Medicina Alternativa Institutes der Devi Clinic und Faculty of Integrated Medicine. Sie absolvierte eine mehrjährige Ausbildung am Institut für Emotionale Prozessarbeit, deren wesentliche Inhalte aus psycho-energetischen Prozessen, direktem Channeling und der Arbeit mit Informationsstrukturen im morphogenetischen Feld bestand. Während ihres 3-jährigen Indienaufenthaltes spezialisierte sie sich auf das Auslesen karmischer Lebensaufgaben und leitete Rückführungen in frühere Leben.

CD s von Antonia Katharina Tessnow ausschließlich
erhältlich über *amazon.com*
**Bücher sind in jedem Buchhandel erhältlich**

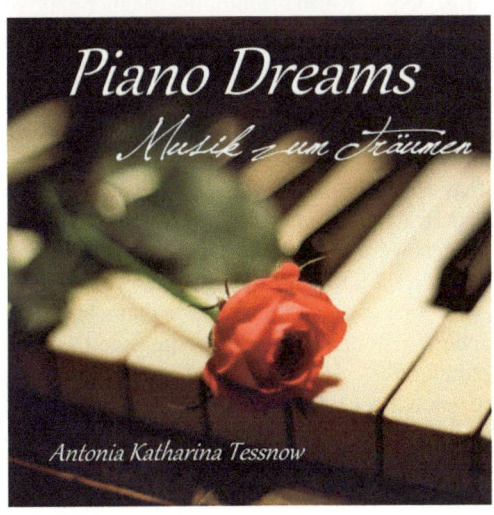

# Kommunikation mit Tieren

*ein Essay*

Tierkommunikation ist keine Kunst, die nur wenigen Auserwählten vorbehalten ist, sondern eine Fähigkeit, die in jedem von uns schlummert und uns allen innewohnt. Es ist nichts, was man lernen muss, sondern es ist etwas, woran man sich erinnern kann, wenn man dafür bereit ist. Dieses kleine Büchlein beschreibt in kurzen, aufeinander aufbauenden Abschnitten die Kommunikation mit Tieren. Es soll dabei helfen, sich an seine ursprünglichen Fähigkeiten zu erinnern und sie wieder nutzbar zu machen; es soll ein Wegweiser sein und zeigen, dass jede Begegnung eine Aufgabe für uns bereit hält, für die es immer eine Lösung gibt und an der wir wachsen können. Alles hat einen Sinn und es lohnt sich, darauf zu vertrauen. Selbst wenn wir ihn manchmal nicht gleich verstehen.

*Textauszug:* 'Jede Kommunikation ist individuell. Jede Verbindung, jedes Karma einmalig. Manchmal sind die Tiere überhaupt erst dafür da, um dem Menschen die gefühlte, intuitive Wahrnehmung und Kommunikation zu erschließen. Es ist ein Gewinn für alle, wenn der Mensch beginnt, eine Verbindung zu seinem Tier und damit zu sich selbst herzustellen, sich seinen Themen und deren Botschaften zu öffnen und von ihnen zu lernen. Wenn du dazu bereit bist, das Tier in seiner Ganzheit zu erkennen und als gleich-wertig zu schätzen, wenn du dich auf dein Ganz-Sein einlässt und dem Tier genauso erlaubst, es selbst zu sein, wie es das Tier dir erlaubt, dann entsteht wahre Verbundenheit. Wenn du über die weit verbreiteten Trainingsmethoden der Dominanz und der autoritären Kontrolle hinauswächst und dich dem tieferen Sinn einer Begegnung zuwendest, wenn du versuchst zu erkennen, was dein Gegenüber dir beibringen will, dann beginnt die Kommunikation mit deinem Tier.

# Bolonka Zwetna

## Von der Empfindsamkeit der Hundeseele und der Liebe, die sie schenkt

Dieser kleine Ratgeber soll nicht nur zum allgemeinen Verständnis der Beziehungen von Hunden zu uns Menschen beitragen, sondern vor allem den Menschen in seiner Seele berühren. Neben kurzen Überblicken über Rassestandard, Ernährung, Fellpflege und Haltung führt die Autorin den Leser in die facettenreiche Welt der Hundeseele, die voll tiefer Empfindsamkeit ist und niemanden unberührt lässt, der die Fähigkeit besitzt, zu fühlen.

Antonia Katharinas Liebe gilt seit jeher den Tieren. Viele Jahre war sie hauptberuflich in der Reiterei tätig bevor sie Heilpraktik, ganzheitliche Psychologie und Tierheilpraktik studierte. Seitdem widmet sie ihr Leben den Kleinhunderassen im Allgemeinen und dem Bolonka Zwetna im Speziellen. Neben ihrer schriftstellerischen, musischen und tierheilpraktischen Arbeit hat sie sich auf die Auftragsmalerei von Tierfotos spezialisiert und betreut ihre kleine Rassehundezucht der 'Zarenhunde aus dem Alten Jagdhaus'.

# Die Botschaft der Tiere

*Der Weg zurück zu uns selbst*

Ein Wegweiser durch unsere Zeit

Es ist ganz und gar möglich, den Weg nach Hause zu finden. Wir brauchen nicht zu warten, bis wir diese Welt verlassen und zurück in unsere Seelenheimat gehen, um in den ewigen Gefilden Frieden und Liebe zu erleben. Wir können uns unser Zuhause, das Paradies, auch hier auf der Erde, auf diesem Planeten erschaffen. Es ist tatsächlich möglich, uns in ein neues, anderes Bewusstsein hineinzuentwickeln, von dem nicht nur die heiligen Schriften und die Erleuchteten im Laufe unserer Erdgeschichte berichtet haben, sondern von dem uns auch die Tiere erzählen, indem sie es uns Tag für Tag vorleben.

Wir Menschen können noch umkehren. Wir müssen diese Welt nicht zerstören. Es muss nicht alles so weitergehen wie bisher. Es ist möglich, den Weg zurück ins Paradies zu finden, doch können ihn uns nur diejenigen weisen, die ihn kennen.

Wenn wir den Tieren erlauben, uns den Weg zu weisen, werden wir ihn finden. Wenn wir ihre Botschaft ernstnehmen, sie verinnerlichen und versuchen, sie zu entschlüsseln, werden wir sie verstehen. Die Tiere haben das Paradies nie verlassen. Wer, wenn nicht sie, könnten uns diesen Weg weisen?

CD s von Antonia Katharina Tessnow ausschließlich
erhältlich über *amazon.com*
**Bücher sind in jedem Buchhandel erhältlich**

CD s von Antonia Katharina Tessnow ausschließlich erhältlich über *amazon.com*
**Bücher sind in jedem Buchhandel erhältlich**

# Celtic Spirit

## *Eine Reise in die Tiefen zeitloser keltischer Weisheit*

In den Kulturen aller Zeiten findet man Spuren von der ursprünglichen Verbundenheit zwischen Mensch, Welt und Universum. Nicht nur bei den Kelten, sondern überall schien der Geist des Einklanges in der einen oder anderen Weise wirksam zu sein. Das *Einssein mit Allem*, woraus auch der Keltische Spirit hervorging, schien in uriger Zeit auf der ganzen Welt präsent und Grundlage jeder Form der Wahrnehmung.

Möge 'The Celtic Spirit' eine Idee davon geben, wie man über das Erfühlen der Bäume eine Verbindung zum Leben herstellt, wie sich die einzelnen Bäume anfühlen, warum sie bestimmten Zeitabschnitten im Jahr zugeordnet wurden und was sie mit diesen unterschiedlichen Zeitqualitäten gemein haben.

Und möge dieses Büchlein Inspiration für all diejenigen sein, die sich nicht nur ein ganzheitlicheres Verständnis mit der Natur wünschen, sondern sich auch nach einer tieferen Verbundenheit mit dem Leben sehnen.

# Madras

## Zauber der Palmblätter

Die Palmblattbibliotheken: Tausende Jahre alt und bis heute ein ungelöstes Rätsel. Das Geheimnis dieses Ortes ist das Thema dieses Buches. Die Geschichte dreht sich um eines der größten Rätsel der Menschheit.

Eine Reise führte mich dort hin. Ich habe meine kleine Heimatstadt verlassen um der Sagenumwobenen Legende auf den Grund zu gehen, die besagt, dass dort alle Lebensgeschichten aller Menschen niedergeschrieben sind; allerdings nur von denjenigen, die sich aufmachen, um danach zu suchen.

Eben das habe ich getan. Und dies ist es, was ich gefunden habe.

Dieses Buch liegt in deutscher und englischer Fassung vor.

*Menschen, die dieses Buch gelesen haben:*

"Ein interessantes Buch. Wer will, findet die Antwort auf die Frage: Wie viele Leben hat ein Mensch?"
Günther Prinz, Publizist, ehemaliger Chefredakteur der 'Bild', Deutschland

"Da steht also mein ganzes Leben auf einem Palmenblatt in Madras. Dieses Buch hat mein Verständnis von Raum und Zeit grundlegend verändert."
Fritz Bloomberg, Ex-Vizepräsident Burda Media, New York

"Ein außergewöhnliches Lesevergnügen, das meine Sicht auf die Welt verändert hat."
Gregor Tessnow, Schriftsteller und Drehbuchautor

CD s von Antonia Katharina Tessnow ausschließlich
erhältlich über *amazon.com*
***Bücher sind in jedem Buchhandel erhältlich***

# Sternenstaub am Horizont

*oder*

## *Breakable - Zerbrechlich*

*der Fall*

*zwischen Selbstwert und Vernichtung*

*'Es gibt Geschichten im Leben, die hätte man lieber nicht erlebt.'* Diese Aussage trifft auf viele Ereignisse zu. Doch meist ist diese Aussage nur auf den ersten Blick wahr; schaut man tiefer und geht der Frage nach: *Was hat mir dieses Ereignis zu sagen?*, oder: *Was hat mich dieses Ereignis zu lehren?,* wird oft der tiefere Sinn einer Erfahrung offenbar.

Nicht nur die Geschichte, die in dem Roman **Breakable - Zerbrechlich** verarbeitet ist, war eine dieser Erfahrungen, sondern auch all das, was um den Roman herum geschah. Vordergründig ein Thriller, hintergründig eine wertvolle Lektion über Selbstwert und Zerstörung.

Was geschieht, wenn der Selbstwert fehlt? Welche Auswirkungen hat das Fehlen von rechtzeitig gesetzten Grenzen? Und wohin kann einen der Weg führen, wenn man entscheidende Lebensthemen hat lösen können?

Durch den Roman veranschaulicht die Autorin nicht nur diese Problematiken, sondern bietet im zweiten Teil eine psychoanalytische Draufsicht, Aussichten für Betroffene sowie Lösungsansätze. Ein unumgängliches Buch für jeden, der schon einmal an seinem Selbstwert zweifelte und hofft, einen soliden Weg zur eigenen, inneren Wertschätzung zu finden.

# Weiß Du,
# was Du mit Dir trägst?

## *Eine Entscheidungshilfe*
## *für Tattoo und Motiv*

Was für Wirkungen auf Dich und welche Auswirkungen auf Dein Leben kann eine Tätowierung haben? Wie weitreichend können Veränderungen, wie tief Seelenschmerzen sein, die eine unbedachte Tätowierung möglicherweise mit sich bringt? Wie wichtig sind die Auswahl des Motivs und des Tätowierers?

Antonia Katharina Tessnow ging durch die dunkle Erfahrung einer vorschnellen Entscheidung und obendrein eines schlecht gestochenen Tattoos. Fast zwei Jahre ihres Lebens kostete sie die Wiederherstellung ihres Armes, für den sie sich täglich schämte. Ihre Leidensgeschichte beschrieb sie in dem ersten Teil des Buches 'Tattoo - Laser - Cover Up - Wenn der Traum zum Albtraum wird'. Für alle, die hoffentlich nicht vor dem Lasern und Covern stehen, sondern vor der einmaligen Entscheidung zu einer neuen Tätowierung, veröffentlicht sie nun den erweiterten und überarbeiteten zweiten Teil und bietet damit allen Tattoo-Freudigen einen Ratgeber und eine Entscheidungshilfe.

*‚Frage Dich, was Du mit Dir tragen willst, bevor Du Dir mit einer falschen Entscheidung eine Bürde auflastest, die Du zu tragen nicht vermagst.'*

# HAIR

## Alles über alternative Haarpflege

HAIR - Alles über alternative Haarpflege, ist ein heilpraktisches Sachbuch. Es gibt in den einleitenden Kapiteln einen Überblick über die Inhaltsstoffe in herkömmlichen Shampoos und Duschgels und wie schädlich synthetisch hergestellte Chemikalien in der täglichen Anwendung auf Haut und Haaren sind. Des weiteren wird auf die Langzeitschäden eingegangen, die sich durch den dauerhaften und wiederholten Kontakt mit diesen Chemikalien ergeben können.

Der Hauptteil des Buches zeigt Alternativen zu herkömmlichen Produkten auf, die leicht umzusetzen und anzuwenden sind. Es wird auf komplizierte Anwendungstechniken verzichtet und ganz gezielt die Einfachheit der Methoden betont und in den jeweiligen Anwendungsbeschreibungen dargelegt. Alle alternativen Methoden zur Haut- und Haarreinigung sind von mir persönlich im Selbstversuch getestet, für jeden Interessierten leicht nachvollziehbar und die entsprechenden reinigenden Substanzen leicht erhältlich.
Im letzten Teil des Buches wird auf die Lebensweise, die Ernährung, Öle, Haarbürsten und Tipps und Tricks eingegangen, die langfristig und nachhaltig für gesunde und volle Haare sowie für gesunde, vitale und frische Haut sorgen.

***Ziel dieses Buches ist es, das Bewusstsein für den Umgang mit unserem Körper, unserer Umwelt und damit unserer Gesundheit zu schärfen.***

# Stille Nacht, Heilige Nacht

Erinnerungen an einen Heiligen Abend
in den letzten Tagen des zweiten Weltkriegs

*eine Kurzgeschichte*

Diese Geschichte
liegt in deutscher und Englischer Fassung vor.

*Über das Buch:*

1943. Es ist Weihnachten. Schon damals schrieben Kinder Tagebücher, um die unfassbaren Erlebnisse, die in Worten kaum wiederzugeben sind, festzuhalten. Die ältere Schwester von Antonia Katharinas Mutter ist neun Jahre alt, als sie durch ihre kindlichen Augen die Ereignisse einer Nacht beschreibt, die tiefe Eindrücke hinterlassen und niemanden unberührt lassen. Eine wunderbare Erinnerung daran, in was für friedlichen Zeiten wir heute leben dürfen.

*Über die Autorin:*

Antonia Katharina Tessnow ist die Tochter einer ehemals ostpreußischen Familie, die nach dem ersten Weltkrieg nach Deutschland kam. Ihre Großeltern ließen sich in Berlin nieder, mussten jedoch aus der Stadt fliehen, nachdem ihr Wohnhaus im letzten Jahr des zweiten Weltkrieges zerbombt und komplett zerstört wurde. Viele Jahre später kehrten sie nach Berlin zurück. Obwohl Antonia Katharina dort geboren ist, fühlte sie sich in dieser Stadt jedoch nie heimisch. Heute lebt sie auf dem Lande am Rande der Mecklenburgischen Schweiz.

# Bolonka Zwetna Kalender

## *Terminplaner*

*Jedes Jahr aktuell!*

Jeder Mensch, der sich Hunden verbunden fühlt, spürt in sich meist auch eine tiefe Verbindung zur Natur, denn die Vierbeiner tragen einen großen Teil dazu bei, dass wir Hundemenschen uns viel draußen aufhalten, dem Wind und Wetter trotzen und auch unter widrigsten Umständen das Haus verlassen.

Dieser Kalender soll dazu beitragen, dass sich das wunderbare Gefühl der Naturverbundenheit noch weiter vertieft. Aus diesem Grunde wird hier nicht nur auf die neuchristlichen, sondern auch auf die alten, keltischen Feiertage zurückgegriffen und damit auf uraltes Wissen, das aus einer Zeit hervorging, in der sich die Menschen noch als ein Teil der Natur wahrnahmen.

Des Weiteren sind die Mondstände in den einzelnen Zeichen angegeben, die Sonnenzeichen, d.h. die Sternzeichen, vermerkt und 12 kleine Themen umrissen. Es ist jeweils der genaue Tag des Übertritts der Sonne in das neue Zeichen angegeben, wie er in den Sternzeitberechnungen angegeben ist und der von Jahr zu Jahr ein klein wenig variieren kann.

Möge dieser Kalender jedem Hundebegeisterten ein paar neue Einblicke geben, sowohl in den praktischen Umgang mit dem Hund, als auch in die Seele dieser wundervollen Wesen, die ein jedes Leben um ein vielfaches bereichern.

CD s von Antonia Katharina Tessnow ausschließlich
erhältlich über *amazon.com*
**Bücher sind in jedem Buchhandel erhältlich**

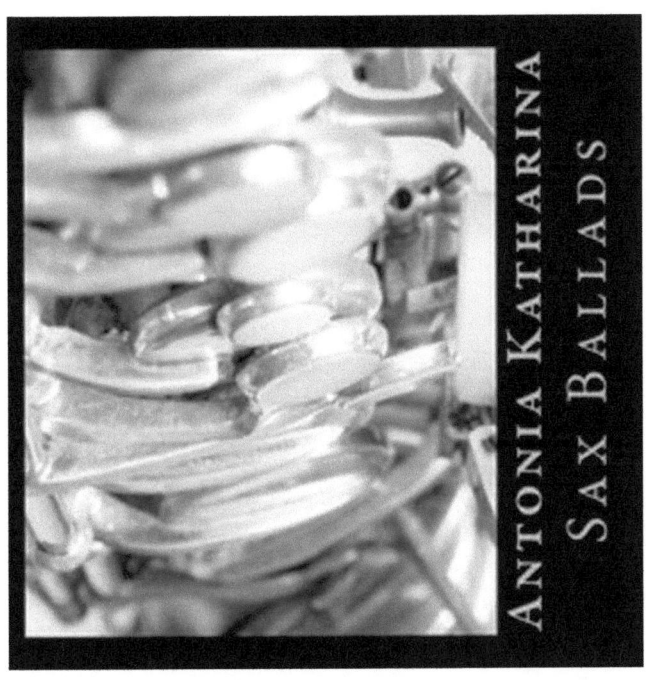

# Winston

## Eine Pferdebuch-Trilogie für Jugendliche

Da Antonia Katharina selbst viele Jahre als Berufsreiterin tätig war, greift sie hier auf einen langjährigen Erfahrungsschatz zurück und veranschaulicht die Welt der Pferde für jeden Leser so realistisch und wirklichkeitsnah, dass man meint, selbst am Geschehen Teil zu nehmen. Ein Pferdeleben, wie es authentischer nicht beschrieben werden kann.

## Winston Band I

### Ein Fohlen erblickt die Welt

'Da steht er nun. Seine Beine sind viel zu lang für seinen kleinen Körper. Er versucht sich mühsam in der Koordination seiner Bewegungen, die anfangs nur bedingt gelingen. Das Fohlen macht seine ersten Gehversuche und stakst dabei durch das Stroh wie ein Storch durch den Salat. Es ist wackelig auf den Beinen. Das Neugeborene drückt seinen Körper fest an den seiner Mutter, um stehen zu bleiben und nicht umzukippen. Die Stute bleibt regungslos stehen und wartet, schaut ihr Fohlen an und wagt nicht, sich zu bewegen, sondern bietet mit ihrem großen, ausgewachsenen Körper dem Kleinen Stütze und Orientierung.'

# Winston Band II

## Die große Show

'Ich wünsche mir aus tiefstem Herzen, dass der Ort, an dem ich bin und alles andere mein Leben lang so bleiben wird wie in diesem Sommer. Das alte Gestüt, in all seiner Stille, entwickelte sich zum unvergesslichen Ort meiner Sehnsucht. Hier will ich sein. Hier gehöre ich her. Und in meinen stillen Augenblicken gibt es nichts, was mir fehlt.
Zwar weiß ich, dass es für die Menschen hier darum geht, Geld zu verdienen, Erfolg zu haben, die Pferde ordentlich auszubilden und teuer zu verkaufen. Doch für mich geht es um den Geruch von frischem Stroh, wenn ich morgens in den Stall komme; um das Glück, das mich durchströmt, wenn ich meine Fohlen auf die Weide lasse; um die Sehnsucht in Winstons Augen, um die warme Sommerluft an lauen Abenden und den unendlichen Frieden, der über den Weiden liegt.
So gingen die Tage ins Land. Alles verlief ruhig. Bis zu jenem Tag, als etwas geschah, was diese Stille durchbrach.'

# Winston Band III

## Nichts ist unmöglich

'Mein Winston. Niemals hätte ich gedacht, dass man so eine tiefe und innige Beziehung zu einem Pferd haben kann. Dass man sich mit einem Tier so gut verstehen, so klar die Gefühle und Gedanken des anderen erfassen kann; und das alles ohne Worte. Ja, dass man ein Zusammengehörigkeitsgefühl entwickeln kann und eine Nähe, wie das bei uns der Fall ist und das manche Menschen mit allen Worten der Welt niemals herzustellen in der Lage sein werden.'

# Breakable - Zerbrechlich

## Der Skandalroman aus Mecklenburg

Dieser Psychokrimi hat in der Region, in der es erschien, für so viel Wirbel gesorgt, dass sogar die Presse in die Geschichte eingestiegen ist. Anfeindungen, Intrigen und Klagen finden nicht nur im, sondern fanden auch um das Buch herum statt. Näheres ist einzulesen auf dem Blog

breakablezerbrechlich.wordpress.com

*Klappentext:*

Eine Frau aus der Stadt. Ein kleines Dorf. Eine alte Köhlerkate, traumhafte Umgebung und idyllische Umgebung. Nicolas Leben könnte nicht friedlicher sein. Eines Tages begegnet sie einem Bauern aus der Nachbarschaft. Es ist Liebe auf den ersten Blick. Als diese von dem Mann mit der unverwechselbaren Stimme auch noch erwidert wird, scheint ihre Welt perfekt.
Doch Nicolas Glück ist nur von kurzer Dauer. Trug und Lüge lauern hinter jeder Ecke. Gerade als sie beginnt, das Ausmaß des Bösen zu entdecken, tun sich Abgründe auf, in die sie niemals hätte schauen dürfen.

Nach einer wahren Begebenheit.

*'In ihrem spannenden Roman voller überraschender Volten und psychologischer Abgründe begegnet der Leser Figuren, die er seit Langem zu kennen glaubt.'*

Henrik Leschonski, Lektor

# Nichts geschieht umsonst auf dieser Welt

## der Fall
## *Breakable - Zerbrechlich*
## die Anhänge

Zwar gilt schon der Roman *Breakable - Zerbrechlich* als psychologisches Lehrstück, doch erst die Anhänge machen die ganze Bedeutungstiefe der Geschichte erfahrbar. Wie wichtig Selbstwert für das eigene Leben ist wird kaum irgendwo deutlicher als im Buch Breakable. Wie wichtig die Liebe zum eigenen Leben und zu sich selbst ist, kaum irgendwo nachvollziehbarer als in diesem Buch.

Antonia Katharina Tessnow gibt mit den Anhängen nicht nur Einblicke in die Hintergründe, sondern offenbart auch die psycho-logischen Zusammenhänge zwischen fehlendem Selbstwert und der daraus resultierenden Zerstörung des eigenen Lebens. Warum erlauben wir anderen das permanente überschreiten unserer Grenzen? Und warum ist es lebens-wichtig, unsere Grenzen zu wahren, den eigenen Wert zu erkennen und unser Potential zu entfalten?

*Nichts geschieht umsonst auf dieser Welt* eröffnet ganz neue Perspektiven, zeichnet Lösungswege und gibt Hoffnung. *'Liebe deinen Nächsten **wie dich selbst**'* bleibt somit kein leerer Satz, sondern wird zur gelebten Realität, sobald Deine Liebe nicht mehr nur die anderen, sondern auch Dich selbst meint.

# Kelten Kalender

## Terminplaner
## mit Baumkreis und Mondstand

*jedes Jahr neu!*

Das Keltentum ist seit jeher Quelle geistiger und seelischer Inspiration. Jeder, der sich zu der Geschichte, den Philosophien und der Lebensweise unserer Urahnen hingezogen fühlt, spürt in sich meist auch eine tiefe Verbundenheit mit der Natur. Immer mehr Menschen spüren eine große Sehnsucht nach eben dieser Verbundenheit, die über die Jahrhunderte hinweg, durch Überlagerung moderner Glaubenssätze, verloren ging.

Dieser Kalender soll dazu beitragen, dass das wunderbare Gefühl der Naturverbundenheit wieder zum Leben erwacht und sich weiter vertieft. Aus diesem Grund wird hier auf die alten keltischen Feiertage und den keltischen Baumkreis zurückgegriffen und damit auf uraltes Wissen, das aus einer Zeit hervorging, in der sich die Menschen noch als einen Teil der Natur wahrnahmen. Möge dieser Kalender ein wenig von dem alten, geheimnisvollen Wissen unserer Urahnen wachrufen und in unsere Erinnerung zurückholen; und wir damit in der Lage sein, das ursprüngliche Wissen unserer Vorväter, der Kelten, anzuzapfen.

# Tattoo – Laser – Cover Up

## *Wenn der Traum zum Albtraum wird*

Sowohl das Tätowieren als auch das Lasern ist nicht nur ein Eingriff in deinen Körper, sondern auch in deine Persönlichkeit und dem daran gekoppelten Gefühl, dir selbst gegenüber. Tätowieren verändert einen Menschen; mitunter hat diese Veränderung weitreichende Folgen und hinterlässt tiefe Spuren in deiner Seele. Festzustellen, dass dir das langersehnte Tattoo nicht gefällt oder gar misslungen ist, ist zudem eine schmerzliche Erfahrung, für die es wenig Helfende und Mitfühlende gibt.

Dieses Büchlein soll nicht nur eine Hilfestellung für Betroffene sein, sondern auch die Gedanken derer anregen, die mit der Idee spielen, sich unter die Nadel zu legen. Nicht nur meine eigenen Erfahrungen rund um das Thema Tattoo – Laser – Cover Up sind hier offengelegt, sondern es wurde auch ein Blick in all die Seelenschmerzen und inneren Qualen gewährt, die mit solchen Erfahrungen verbunden sind.

Jede Krise enthält eine Chance, weswegen die Chinesen dafür ein und dasselbe Wort verwenden. Die Chancen dieser Krise sind die daraus entsprungenen, weiterführenden und sehr hilfreichen Gedanken sowie all die wichtigen Überlegungen zum Tätowieren allgemein, die dir hoffentlich helfen mögen und die du unbedingt anstellen solltest, *bevor* du eine Entscheidung triffst, die dich in jedem Fall für dein Leben zeichnen wird.

# Bildkalender

*Jeder Kalender ist jeweils als Tischkalender und in den Größen DIN A4, DIN A3 und DIN A2 erhältlich*

## Bolonka Zwetna Wandkalender

Die kleinen Bolonka Zwetna, auch Zarenhunde genannt, erfreuen sich immer größerer Beliebtheit. Nun gibt es neben Büchern, kleinen Ratgebern und Terminplanern endlich auch einen Bildkalender, auf den schon so viele Bolonka-Fans gewartet haben.

## Bolonka Zwetna Baby-Kalender

Neben den beiden Bolonka Zwetna Bildkalendern und den informativen und liebevoll gestalteten Terminplanern, vervollständigt Antonia Katharina Tessnow ihr Repertoire nun mit einem Bolonka Babykalender. Der Kalender ist ebenso liebevoll, bezaubernd und anrührend gestaltet, wie ihre vorhergehenden Publikationen, womit sie ganz ihrem Stil treu bleibt.

## Impressionen aus Indien

Seit je her Faszination, Anziehung und Mystik in der reinsten Form. Ob die Schönheit der Landschaft, die geheimnisvollen Zeichen an historischen Bauwerken oder die uralte, herausragende Architektur des Landes - ein paar Blicke lohnen sich; die Eindrücke, die sie im Herzen hinterlassen, bleiben. Für immer.

## Momente der Vergänglichkeit

Manche Momente möchte man gern festhalten, einige Augenblicke nie loslassen und für immer in unser Gedächtnis einbrennen. Dieser Kalender ist eine Sammlung wundervoller, feuriger und mystischer Momente, wie sie das Jahr uns schenkt.

## Teltow, Abseits der Straßen

Teltow ist nicht nur ein Ort von Kunst und Kultur, moderner Innovationen und außergewöhnlichen Veranstaltungen; Teltow ist mehr! Dort, wo der Lärm aufhört und die Stille einkehrt, tun sich malerische Landschaften auf, die - je nach Tageszeit - in stimmungsvolles Licht getaucht, den Betrachter jedes Mal aufs Neue in seinen Bann ziehen.

## Natur-Paradies Mecklenburgische Schweiz

Die Nostalgie der vorpommernschen Landstriche, die immer ein wenig Sehnsucht weckt, spiegelt sich ganz besonders in der Mecklenburgischen Schweiz, von der gesagt wird, es sei eines der letzten Paradiese unserer Zeit. Hier gibt es sie noch: die unberührte Natur und die ursprünglichen Landschaften, über denen der Himmel endlos erscheint.

# Astro Kalender

Terminplaner mit

Planetenumlaufbahnen, Mondstände und Blanko-Chart für das eigene Horoskop

*jedes Jahr neu!*

Der Astro-Kalender dient als Wegweiser durch das Jahr und spricht nicht nur Astrologen, sondern auch alle Naturverbundenen an, die zu den Gezeiten und dem Umlauf der Gestirne eine Verbindung spüren. Somit dient dieser Kalender sowohl Hobby-, als auch professionellen Astrologen, die in ihrer Arbeit auf die Planetenstände und Sternzeitberechnungen der Ephemeriden zugreifen, als Leitfaden durch das Jahr. Zu Beginn ist ein Blanko-Radix eingefügt, um die persönlichen Sternstände oder ein entsprechendes Wunsch-Horoskop eintragen zu können. Weiterführend sind die Verläufe der einzelnen Planeten graphisch dargestellt und somit visuell auf einen Blick einsehbar. Zudem sind vor jedem Monat die entsprechenden Ephemeriden gelistet, sodass man den astronomischen Jahresverlauf immer bei sich hat. Der Übertritt der Sonne sowie des Mondes in die einzelnen Zeichen ist direkt an den entsprechenden Tagen im Kalender eingetragen. Möge dieser Kalender Hilfe und Erleichterung sein und all jenen nützen, die rund ums Jahr die planetarischen Einflüsse, denen wir unterworfen sind, im Blick haben möchten, um ihr Gespür auf diese Weise noch mehr zu verfeinern suchen und bisher auf umständliche Methoden der Sternzeitberechnungen zurückgreifen mussten.

Copyright der Originalausgabe by
***Antonia Katharina Tessnow***

ALL RIGHTS RESERVED. No part of this book may be reproduced in any form or by any electronic or mechanical means including information storage and retrieval systems without permission in writing from the publisher, except by reviewers who may quote brief passages in a review.